［超復活版］

# 太古、日本の王が世界を治めた

高橋良典
＋日本学術探検協会

## 謝辞

本書は１９９４年７月に徳間書店が出版した『太古、日本の王は世界を治めた！』を20数年ぶりに復刻したものです。

本書の著者・高橋良典［ＪＥＳ日本学術探検協会会長］の著作および関連作品50数点はすべて、１９９５年12月にイルミナティの秘密中枢が日本のマスメディア・出版界から彼をひそかにＥＸＩＬＥ（追放）したため絶版となり、永い間、皆さんの目に触れる機会がありませんでした。

しかし、このたびエル・モリヤおよびヒカルランド社中・編集子のご尽力により本書が再刊される運びとなったことを、ＪＥＳ一同、心から感謝しています。

《ＥＸＩＬＥ》の Rising Sun をみんなで聴きながら。

日本学術探検協会事務局
JES Brothers & Sisters

## はじめに

### ロスチャイルド財閥が日本の神代(かみよ)文字に異常な関心を示している⁉

一九九〇年十一月初め——私は虎ノ門の瀟洒(しょうしゃ)な喫茶店で一人の女性と会った。

彼女の名を今ここで明かすことはできない。ただ、限りなく私の探究心をかきたてる謎の人物である、とだけいっておこう。なぜなら、私は彼女の口からある不思議な事実を告げられ、それまで二十年間私の調べてきたことが、私自身も知らない重大な意味をもっていることに気づいたからだ。

彼女は今から七十年以上前に、満州（現中国・東北三省）各地を旅行して数奇な体験をした。そして、戦後は東京のホテルオークラや上海、ニューヨーク、パリの高級ホテルを転々として一人で暮らしながら、各国政府の要人やグローバル・カンパニーのトップたちと幅広い交友関係をもって今日に至っている。

小柄できゃしゃな身体つきだが老いを見せない美貌、大きな瞳のうちに激しい気性を秘めていることを感じさせ、きりっとした口もとに並々ならぬ意志の強さがうかがえるその女性は、こう語り出した。

「私は死ぬ前にこれまでに経験したいろんな出来事を誰かにお話しして、一冊の本にまとめたいと思っています。あなたは私がこれからお話しすることに興味があるかしら……」

彼女と私が虎ノ門で会うことになったのは、一人の共通の友人を介してである。彼女は私が伊勢神宮に伝わる〝神代文字〟――詳細は本文に後述するが、漢字伝来以前の日本にあった古代文字の総称――に詳しいことを友人から聞いて接触してきたようである。彼女は、こう続けた。

「あなたは以前イギリスのエドモンドに会ったことがあります？　実は彼は私の遠い親戚なんですのよ。その彼がつい最近、私にアヒルクサ文字（後述する神代文字の一種）の資料を送ってほしいというのです。彼の顧問をしているブライアンは、ノーベル賞級のりっぱな物理学者ですけれどもこのアヒルクサ文字に非常に興味をもっていて、エドモンドにもっと詳しい情報を手に入れたほうがいいと進言したそうです」

「ほおっ。それで具体的に何が必要なのですか」

私にはイギリス・ロスチャイルド家の当主エドモンドが、なぜ日本の神代文字に興味を示すのか解せなかった。しかし、ロスチャイルド家の人間が神代文字の資料を集めていることは、別のルートの情報からも明らかだった。聞くところによれば、私が彼女と会う何年か前、東京・原宿にあるコンピュータ・ソフトのメーカー、《演算星組》がアヒルクサ文字のソフトをおよそ二千本つくったという。

私自身はそのソフトの実物を見たことはない。が、それらは欧米に輸出されて、一つ残らず売れてしまったというのだ。

日本ではほとんど誰も買うはずのないそのようなソフトをメーカーが製作したこと自体とても信じられないことだが、それをまた欧米の研究者がただちに購入したというのも奇妙な話である。

私は思った——おそらくそのソフトは今、アメリカを中心に巻き起こっている猛烈な古代文字解読ブームの最中に、このブームを演出している国際ユダヤ（注1）のプロデューサーが日本の古代文字＝神代文字に注目して発注したものに違いない、と。

それにしても、彼らはいったいなにゆえに、この時期に日本の古代文字に熱い視線を投げかけ始めたのか。ともかく、さらに彼女から次のようなロスチャイルド家の意向を聞かされ、私は内心とまどいを覚えた。

## 四国・剣山には〝世界の王のしるし〟が眠っている⁉

「ブライアンのいうところによれば、日本のアヒルクサ文字は宇宙エネルギーのさまざまな波動状態を視覚化したものらしいの。そのアヒルクサ文字が大地に刻まれたところには、宇宙エネルギーにかかわる何かの秘密が隠されているらしいのよ。あなたはもう四国の剣山の話はご

注1：祖国をもたずシオニズムにコミットメントする一群の総称。アメリカを中心に数百万人がいるとみられ、巷のユダヤ陰謀説に取り上げられることが多いが、まとまった組織体としての活動があるとはみられていない。

存じ？」

「ええ、戦前に言霊学（注2）の大家として知られた高根正教という人が、『〝ソロモンの秘宝〟はここにある』といって陸軍の大物を動かして発掘調査させたあの場所のことですね」

「そのとおりよ。今、ロスチャイルド家は四国の剣山にたいへん興味をもっていて、毎年五月に関係者を剣山の祭事に出向させているのよ。ソニーの盛田さんのところでもこの時期、剣山に社員を派遣しているらしいわ」

私は彼女の口から剣山へ向かう国内・海外の重要人物の名を次々に聞かされるに及んで、ことの真相はきわめて重大であることに気づかざるをえなかった。

彼女は日本の神代文字のことをほとんど知らなかった。そのため、神代文字の知識を身につけることがどれほど予想もしない結論を私たちにもたらすか見当もつかず、無邪気にロスチャイルド家の意向とその周辺事情を私に話してくれたのだ。

けれども、私は彼らがこのように熱心に日本の神代文字を学ぼうとしている背景には、彼らがこれまで探し求めても得られなかった何かを手にする鍵がそこに秘められていることをすでに察知した形跡があると思った。

その何かとは、いうまでもなく〝ソロモンの宝〟のことである。ユダヤの伝説によれば、その昔ソロモン王はユダヤの神ヤハウェから、世界の王のしるしとなる品々を授かったといわれる。それは〝賢者の石〟とか〝イスラエルの石〟〝テラピム〟と呼ばれ、『聖書』の「出エジプ

注2：秘教でいうアートマ、神道における奇魂（くしみたま）が〝言霊〟であり、言葉は霊の意志を運ぶ媒体エネルギーであるとする考え方。

〝世界の王のしるし〞が眠る（!?）四国・剣山

ト記」（注３）の時代にヘブライ人がもっていた〝三種の神器〟に匹敵するものだともいわれる。その〝ソロモンの宝〟は三千年前にエルサレムの神殿からどこかへ持ち去られ、行方不明となっている。そしてユダヤの伝説は、「このときから神の栄光がイスラエルより去った」と伝えている。

が、〝ソロモンの宝〟を再び手に入れた暁には、イスラエルの王が世界の王としてこの地球上に君臨することが予言されているというのだ。

## 〝隠蔽された地球史〟が今、明らかにされる！

私は〝ソロモンの宝〟を再発見する鍵が日本の古代文字＝神代文字にあることを知って、神代文字の情報をすべて彼女に話していいものかためらった。

これまで日本の皇室や伊勢神宮といった由緒ある神社が、日本固有の文字を否定する学者たちに同調するかたちで隠してきた神代文字の秘密を、やすやすと外国人に知らせてもいいものだろうか……。

私は彼女の無邪気な申し出の背後にある大きな意図を感じ取ると、資料をそろえるには時間がかかることを告げ、再会の約束をして別れた。

しかしその後、彼女から何回もすてきな〝誘惑〟を受けながら、すべてをなりゆきにまかせるだけの時間のゆとりがなかった。私はインドやネパール、パキスタンへの相次ぐ調査で多忙

注３：十戒で有名なモーゼの物語を扱ったものが「出エジプト記」であり、聖書研究者による年代では、紀元前13世紀のこととされる。

だったのだ。

その結果、私は〝ソロモンの宝〟、いや実際には後述する〝太古日本のカラ族の秘宝〟がどこにあるかを探し当てた。

ここでお断わりしておこうと思うが、本書は決して夢物語の宝探しを記したものではない。本書を手にとられ、ここまで読まれた方のおそらく大多数が、ロスチャイルドの登場はともかく、「宇宙エネルギーのさまざまの波動状態を視覚化した文字」「ソロモンの宝」「世界の王のしるし」などという言葉に眉をひそめられたことだろう。

しかしそれらは単に、ある驚異の事実が伝承され変形されて表われた言葉なのである。私の〝旅〟はその変形を正し、〝真実〟を再構築するためのものであった。そして発見しえた〝太古カラ族の秘宝〟は確かにすばらしいものだが、それより驚くべきものは〝隠蔽された地球史〟の存在である。私たちは今、〝太古日本の失われた真実の歴史〟を知らなければならない。

時がきたら明らかにしたい、早く彼女に会って話したいものだという思いに駆られながらも果たせなかったこと——それが本書には書かれている。どうか最後までじっくり読んでいただきたい。

二〇一二年七月吉日

高橋良典

◉［超復活版］太古、日本の王が世界を治めた　目次

## 第1章 〝彼ら〟が今、必死で探し求めているもの
## ——古代のスーパー・テクノロジー〝ヴィマナ〟

## 第2章 〝漢字の呪縛〟を解き放て

### ――今、解かれる歴史の〝闇の封印〟



## 第3章 古代日本は中国に占領された

### ――漢字文化に抹殺された真実

## 第4章 伝説の楽園〝ティルムン〟を求めて
### ——インド〝高天原〟への道

## 第5章　世界に雄飛した太古カラ族
## ——インダス文明の建設者は日本人だった

## 第6章 太古日本の王は世界を治めた
### ——実在した！ 幻の東大国ティルムンの王

## エピローグ　太古日本は世界に広がっていた——二十一世紀〝地球統一国家〟の夢

カバーデザイン　櫻井浩（⑥Design）
校正　麦秋アートセンター
本文仮名書体　文麗仮名（キャップス）

プロローグ

# 〝太古の秘密〟を解き明かす

## ――〝地球探検〟の旅へ

## 「世界の富の半分を所有」するロスチャイルド家

「過去百五十年間にわたるロスチャイルド家の歴史は、驚くべきことに、西欧の歴史の裏面史である」とフレデリック・モートンは結論づけた。

これまでロスチャイルド家は毀誉褒貶さまざまに取り上げられてきたが、モートンの著作『The Whole Family of Rothschild』（邦訳に『ロスチャイルド王国』高原富保訳・新潮選書がある）は最も公平に書かれたものとされる。その彼がこのように結論づけるということは、いかにロスチャイルド家が大きな力をもっているかの証明といえるだろう。

ロスチャイルド家についてかたわらの事典類を手にとれば、「ユダヤ系の金融資本家の一族。十八世紀後半フランクフルトで金貸し業を営み、宮廷への出入りにより急速に富を築く。国際的な金融活動を行ない各国の財政に関与した」といった記述が目に入るはずだ。

その存在は歴史的事実なのである。したがって、重要なのはその「関与」の仕方、つまりモートンが結論づけるにたる財力はどのくらいのものだったのかということになろう。

一説には「一九四〇年時で五〇〇〇億ドルと推定され、世界の富の半分を所有していた」とするものがある。これは「一八四八年にパリのロスチャイルド家は六億フランを所有していたが、当時のその他のパリの全銀行の資産をすべて合計しても三億六二〇〇万フランにすぎなかった」といわれるから、「世界の富の半分」もあながちうがった見方ではないかもしれない。

ちなみに、「五〇〇〇億ドル」「六億フラン」は、昨今の円高で目減りしたものではない、当時のものであることはいわずもがなである。数々の〝ロスチャイルドもの〟が出版されてきたのも、ここに理由があるわけだ。

といって、本書はロスチャイルド家がユダヤ系であることに端を発した〝ロスチャイルド＝ユダヤの国際陰謀論〟などを語ろうとするものではない。こうした金融一族、つまり最もシビアにビジネスに携わる存在が、なにゆえに神代文字に関心を寄せるのかという「はじめに」に記した疑問を追ってみようということにほかならない。

## 情報に錬金術を行使する一族の存在

こうした意味でロスチャイルド家の事跡に目を向ければ、よく知られた〝ワーテルローのスクープ〟によるサクセス・ストーリーが脳裏に浮かんでくる。まず、それがどんなものかを、ちょっと長くなるが新潮選書のものを参照しながらモートンの著作から引用してみよう。

ワーテルローの戦い（一八一五年）でイギリスは欧州列強のトップに立つこととなったが、この頃すでにイギリスの国家の代理人となっていたロスチャイルド家にとって、ワーテルローは数百万ポンドの大もうけをもたらした。後年、この名誉ある大もうけには、伝書鳩やその他伝説的な物語の数々が付け加えられたが、いつもの一族の早わざ同様、厳しい労働と冷徹な巧妙さがその基礎にあった。

激しい仕事は、すでにずっと以前にスタートしていた。息子たちがフランクフルトから扇状に各地に広がっていったそのときから、商売上のことはもちろん、世間一般の関心事について、倦むことなく真剣に情報交換が行なわれていた。それが一族の情報機関へと発展した(ロンドンのロスチャイルド家では、第二次大戦までリオ・デ・ジャネイロ、メルボルン、ナイロビに向け、十二人の飛脚が青い服を着て、即刻飛び立てる準備をして待機していた)。

ロスチャイルド家の馬車は街道を全速力で突っ走り、船は帆をはって英仏海峡を渡ったし、飛脚は道から道へと現金、証券、手紙、そしてニュースを運んで、影法師のように突っ走った。ニュース、最新の特ダネは、証券取引所や商品市場で迅速的確に処理されるためのものだった。

それにしても、ワーテルローの戦況以上に、貴重なニュースはなかった。数日にわたって、ロンドンの取引所は耳をそばだてていた。もしナポレオンが勝てば、英国のコンソル公債は暴落、もし敗れれば敵のナポレオン帝国は崩壊し、コンソル公債は暴騰だった。

ヨーロッパの運命は砲煙に覆われ、宙に浮くこと三十時間に及んだ。そして一八一五年六月十九日の夜遅く、ロスワースと名乗るロスチャイルド家の代理人が、オステンドで船に飛び乗った。その手には、まだ印刷インクの乾ききらぬオランダの新聞一部が握られていた。

〝世界三大証券取引所〟の一つ——シティに建つロンドン証券取引所の風景

〝ロスチャイルド神話〟の一つ——ロンドン証券取引所の柱の前のネイサン像

六月二十日の未明、ネイサン・ロスチャイルドはフォークストーンの港に立ち、トップ記事の数行に目を走らせた。すると次の瞬間には、ロンドンに向かっていた（ウェリントンの飛脚より相当時間早く）。彼は、ナポレオンの敗北を英国政府に伝えた。しかし、このニュースは信用してもらえなかった。というのも、政府はキャトルブラの戦いで、英国軍が敗退したと知らされたところだったからだ。そこでネイサンは、証券取引所へと向かった。

他の人間がネイサンの立場なら、キャトルブラの敗北の報ですでに下落しているコンソル公債に、その資産をぶち込んだことだろう。しかしここがネイサン・ロスチャイルドなのだ。いつものように、お決まりの〝ロスチャイルドの柱〟に寄りかかり、買いには出なかった。売って出た。コンソル公債を投げ売ったのだ。

そのちょっとした動きだけで、売りか買いかを決めるのに十分だといわれるほど、ネイサンの名はすでに通っていた。コンソル公債は暴落した。ネイサンは柱に寄りかかり、売りに売った。コンソル公債はさらに下がった。取引所全体に、「ロスチャイルドは知っている。ワーテルローは負けた」というささやきが、広がっていった。

ネイサンは売り続けた。彼の丸い顔には、表情はなく、厳しかった。ずんぐりした指が売りのサインを出すたびに、数万ポンド相場が下落した。一瞬おくれれば遅きに失するというその瞬間に、ネイサンは二束三文で大量買いした。その瞬間まで、コンソル公債は暴落し急転直下の下げを続けた。

数瞬ののちに、大ニュースはもれ、コンソル公債は一転、大暴騰を演じた。

操作されたこの恐慌で、どれだけの人の夢と蓄えが吹き飛ばされたか想像もつかない。

そして柱に寄りかかっていたあの男が、この日一日で、何人の召使を使う身となり、何枚のワットーやレンブラントの名画を入手し、何頭のサラブレッドを子孫の馬小屋に残したことか——そんなことは、概算してみることさえ不可能である。

さて、ここからうかがえることは、第一にロスチャイルド家の冷徹さ、そして〝情報〟というものに対して大きな価値を与えたことだろう。飽くなき貪欲さをもって情報を追い求め、その情報によって巨富を得るという錬金術を行なってきた一族なのである。

とすれば、ロスチャイルド家の神代文字への関心も〝錬金術を行使しうる情報〟ととらえているといって過言ではあるまい。そして、神代文字への関心以前には、多大な資産を投じて世界の神話・伝承を調査・研究していたということが知られている。そうしたうえでの神代文字へのアプローチ——これはいったい、何を意味しているのだろうか⁉

## 世界中の神話はお互いによく似ている

ここで、私自身のことをすこし語らせていただきたい。それが「はじめに」に述べたようなロスチャイルド家との接触につながるからだ。

もともと私は、幼い頃から神話や伝説が大好きで、わけもわからずそれらを読みあさった。そうしているうちに、世界各地に別々に伝えられてきた神話や伝説が、お互いよく似ていることに気づくようになった。

たとえば、インドに伝わる世界最大の叙事詩『マハーバーラタ』と日本のアイヌの『ユーカラ』（この二つについては第1章ほかに詳述する）。また、中国・戦国時代の斉(せい)の「譲国」の話と日本の出雲(いずも)神話に伝わる「国譲り」の話（第3章に詳述）――といったように、テーマも登場人物も非常に似通ったものがいくつもあることを発見するようになったのである。

これはとても不思議なことだ、なぜだろう、と考えているうちに、もしかしたら、これらの神話や伝説は、同じ出来事を扱ったものではないだろうか、と思いつくに至った。過去に起きたある出来事が、世界の各地でその国その地方独自の神話や伝説の形式をとって語り継がれ、書きとめられてきたのではないか、と。

同じ出来事を扱っているためにテーマや人間関係が非常に似通っているのだ、という結論を導きだしたものの、それがきちんと証明できないことには、単なる私の思いつきでしかない。それを誰もが納得いくかたちで証明するにはどうしたらいいか。

そこで私は考えた。日本に古くから伝わる神話や伝説と同じような話が世界各地にも伝わっているということは、そこに登場する人々も私たちの祖先と関係の深い人たちであった、と考えられはしないか――。

　この点を調べていくうちに、私はその人々がいくつかの古い文献、たとえば平安時代初期に編纂（へんさん）された日本の有力氏族の家系由来記である『新撰姓氏録（しんせんしょうじろく）』（第4章に詳述）や、遼（りょう）王家の歴史書『契丹古伝（きったんこでん）』（第3章に詳述）などに記された「カラ族」（＝クル族〈呼称の違いについては後述するが、以下にどちらが記されていても同一と考えていただきたい〉）と呼ばれる人たちだった、ということに気づいたのである。

「カラ族とは何か？」とたいていの人が質問する。いわゆる教科書には登場しない耳慣れない民族の名前だからだ。が、先のような古代の文献にはよく出てくる民族で、彼らこそ私たち日本人の祖先ではなかったかと思われるのである。

　このカラ族は古い文献のいくつかにおいて、世界各地で高度な文明を築いていたと記されている。そして、カラ族こそ私たち日本人の祖先で、カラ族の王は日本の九州に世界の都を置いて地球を治めていた、とされているのだ。本当だろうか⁉　本当だったとしたら、なんとすばらしいことだろう。どうやったら、それを確かめることができるだろうか。

　かのシュリーマン（注4）がやってみせたように、証拠となる遺跡や遺物を発見できないものか。神話や伝説はその内容と対応する遺跡や遺物を明らかにしてこそ、それが歴史上の事実であったことを証明できる。でなければ、それはいつまでも謎につつまれた「おとぎ話」で終わってしまうというものだ。

注4：Heinrich Schlieman（1822～1890）ドイツの実業家・探検家。幼少時に読んだホメロスの詩を史実と信じ、独力でトロイの遺跡を発掘。後期エーゲ文明の実態を明らかにした。

## 太古の秘密を解き明かす鍵は神代文字だ！

世界各地には、インドのモヘンジョダロのように、いまだ建設者さえはっきりしない謎の遺跡がたくさんある。が、それらの謎を明らかにしていけば、私たちの祖先＝カラ族の実体がつかめるかもしれない。

しかし、謎を明らかにするといったって、いったいどうやって？　何か有力な手がかりでもあるというのだろうか。

私は考えたすえ、あることに気づいた。

そうだ、文字だ。未解読文字が読み解ければ、謎はきっと解ける！

世界各地で発掘された遺跡からは、必ずといっていいほど、遺物に刻まれた碑文が見つかっている。にもかかわらず、現在の文字で読めないために、「模様だ」、いや「記号だ」と放置されたままになっている。

碑文は遺跡から出たものだけではない。洞窟の壁や古い寺院の床、仏塔などに刻まれたものなどもある。それらの多くはいまだに読み解かれていない。

29ページに示した有名なイースター島のロンゴロンゴ文字をはじめ、インダス文字、クエンカ文字、マヤ文字、呉城（ごじょう）文字……。これらは発見地や刻まれていたものなどにちなんで、便宜上こうした名称で呼ばれているが、解読はもちろん、相互の関連などについても何もわかって

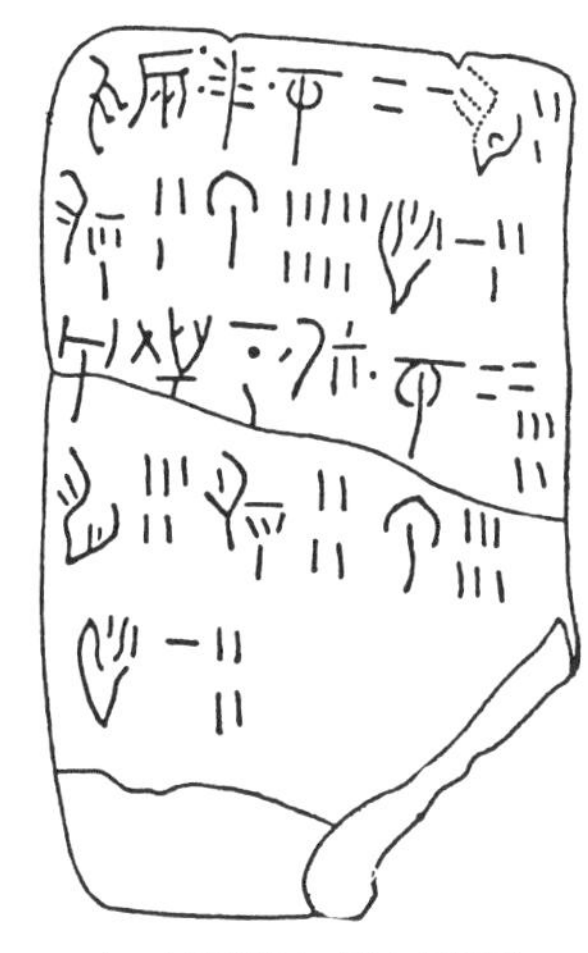

クレタ線文字A（粘土板模写）

パレンケのマヤ文字（模写）

ロンゴロンゴ文字
（模写、部分）

クエンカ文字

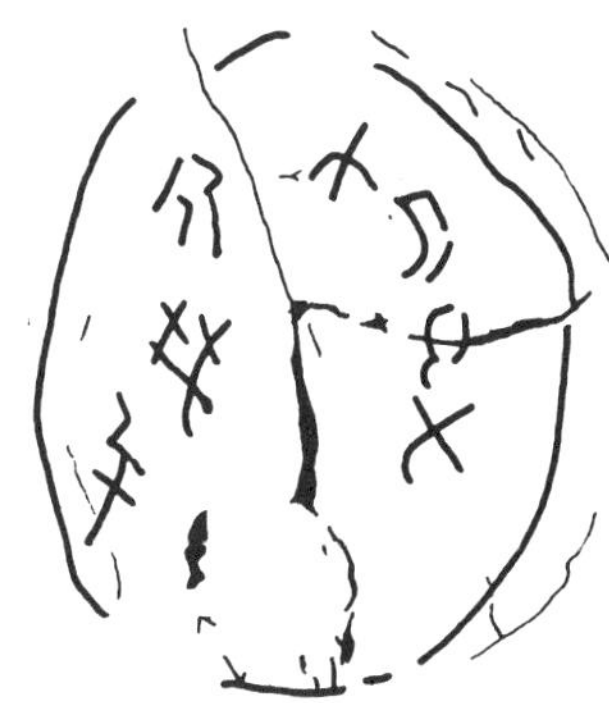

呉城文字（模写）

世界の未解読文字　インダス文字については127ページ以下を、ファエストス円盤は237ページを、アンデスの黄金板碑文は47ページを参照いない。

そして、このまま放置しておいたのでは、いつまでたっても太古の秘密は明かされることはないだろう。謎は謎のまま、また数世紀、数十世紀を経てしまうだろう。そのうち崩壊したり、散逸したりしてしまわないとも限らない。そう思うと、私はいたたまれない気持ちになってきた。

失われた太古の謎を解くためには、未解読文字と呼ばれる文字を読み解けば、かなりのことが明らかになる――。そう考えた私はできるだけの手を尽くして、国内はもとより世界各地の未解読文字を収集することにエネルギーを費やした。

そして、地球儀を回し、それらの文字の発見地を確かめ、同時にそこに伝わる神話や伝説なども調べてみた。すこしでも共通点や類似点はないかと、相互の関連性を探ってみたりもした。

集まった碑文は暗号のようなものから、古代人のいたずら書きではないかと思われるようなものまで、実にさまざまであった。

こんなものが本当に読めるのだろうか。謎を解く「決め手」とばかり、手当たりしだいに集めてはみたものの、これらがどうやったら読めるというのだろう。

## 日本の神代文字で世界の未解読文字が読める

答えは身近にあった。私が〝地球探検〟の出発点として未解読文字を集めたのは、無意識のうちに、世界各地に残された謎の遺跡が私たちの祖先カラ族となんらかの関係があるとにらんだからだった。

つまり、カラ族がギリシアの歴史家ヘロドトスの『歴史』その他で伝えられるように高度な文明の建設者として世界に広がっていたとしたら、各地で見つかった文字はカラ族が使っていたものということになる。

そして、カラ族が日本人の祖先ということであれば、それらの文字は、必ずや私たちに読めるはずだ！　しかも、現在私たちが使っている漢字や仮名では読むことができないとしたら……。キーはなんだろう？

推理を重ねていって、ふと気がついた。これらの文字は日本の神代文字で読めるのではないか？　そうだったのか！　どうして肝心なことに気がつかなかったのだろう……。そう思って、もう一度これらの碑文をよく調べてみると、ある、ある、ある。日本に伝わる古代文字（神代文字）によく似た文字が随所にあるではないか。

読めるぞ、日本の神代文字で世界の未解読文字が読めるぞ！

この〝大発見〟に私は有頂天になった。

## 伊勢神宮の〝不思議な文字〟が語りかける

ここで日本の神代文字についてちょっと説明しておこう。神代文字というのは、日本に中国の漢字が伝わる以前から実在した日本固有の文字のことである。はるか昔、すなわち神代の時代ともいうべき昔からあった文字ということで、神代文字と呼ばれている。

そんなものはあるのか？　ある！　たとえば、一九九三年に遷宮二千年の大祭を迎えた伊勢神宮。この由緒ある神社の一角に神宮文庫（注5）がある。ここに納められた奉納文は、奇妙なことに漢字でも仮名でもない不思議な文字で書かれているのだ。

それにしても、とあなたは思うかもしれない。いや、おそらく多くの方が〝奈良時代・平安時代以前の日本に漢字以外の文字があった、漢字以前にさかのぼる古い文字があった〟ということに疑問を覚えられるだろう。

大部分の人が、これまで一度もそのようなことを教わらなかったから、にわかには信じられないはずだ。また、たとえそのようなことがあったとしても、はっきりと証明されていない限りこうした重大な問題をうかつには論じられない、という方もおられるに違いない。

そこで論より証拠。まったく否定できない事実として、ここに神代文字で記された実例をお目にかけよう。

33ページに掲げたものは、一九七三（昭和四十八）年に、伊勢神宮が公開した神宮文庫資料の一部である（図1）。

これらの奉納文をご覧になればただちにわかるとおり、奉納文に使用された文字は、漢字でもなければ仮名でもない。明らかにそれとは別の字体の文字だ。

注5：伊勢神宮司庁所管の図書館。内宮・外宮所蔵の古記録や図書など蔵書数約24万冊を誇る。国宝や重要文化財指定のものも多い。

④　③　②　①

図１　伊勢神宮の奉納文

## 神宮文庫の謎の奉納文が読めた！

私たちはこれまで長い間、日本には漢字や仮名以外の文字がないと思いこんできたから、いきなりこれらの文字を読もうとしても、なんの手がかりもないように思われる。

日本では平安時代の初め（八〇七〈大同二〉年）、斎部広成（いんべのひろなり）が『古語拾遺（こごしゅうい）』を著わして、その序文のなかで「けだし聞く、上古の世いまだ文字有（あ）らず」と述べて以来、今日に至るまで千二百年以上もの間、公の教育の場で〝漢字や仮名以外の日本の文字の読み書き〟を教えてこなかったから、大部分の日本人はこれらの文字が読めなくなってしまった。

しかし、もしもあなたが今から二百年近く前に書かれた有名な書物、平田篤胤（あつたね）（注6）の著わした『神字日文伝（かむなひふみのつたえ）』をひもとかれるなら、そこにはこれらの奉納文を読み解く手がかりが記されているのだ。

図2は篤胤が各地から集めた十二種類の「薩人書（さつひとのふみ）」（別名アヒルクサ文字）の一つで、一四七七（文明九）年当時の写本より高橋光頼（みつより）の手を経て『神字日文伝』に収められたものだ。

また図3は、同じ光頼が伝えた出雲国書嶋石窟文字（いずものくにふみじませっくつもじ）で、七〇九（和銅二）年に高橋大摠太夫（たいそうだゆう）が書写した「高天原五行之文字（たかまのはらごぎょうのもじ）」（別名イヅモ〈イズモ〉文字、トヨノ文字）と同じものではないかとみられている。

そこで、これらの文字表に示された各々の文字の読み方に従って、図1の奉納文を読んでみ

注6：1776〜1843。秋田生まれの江戸後期の国学者。平田神道を形成し、神代文学・日文（ひふみ）の存在を主張した。

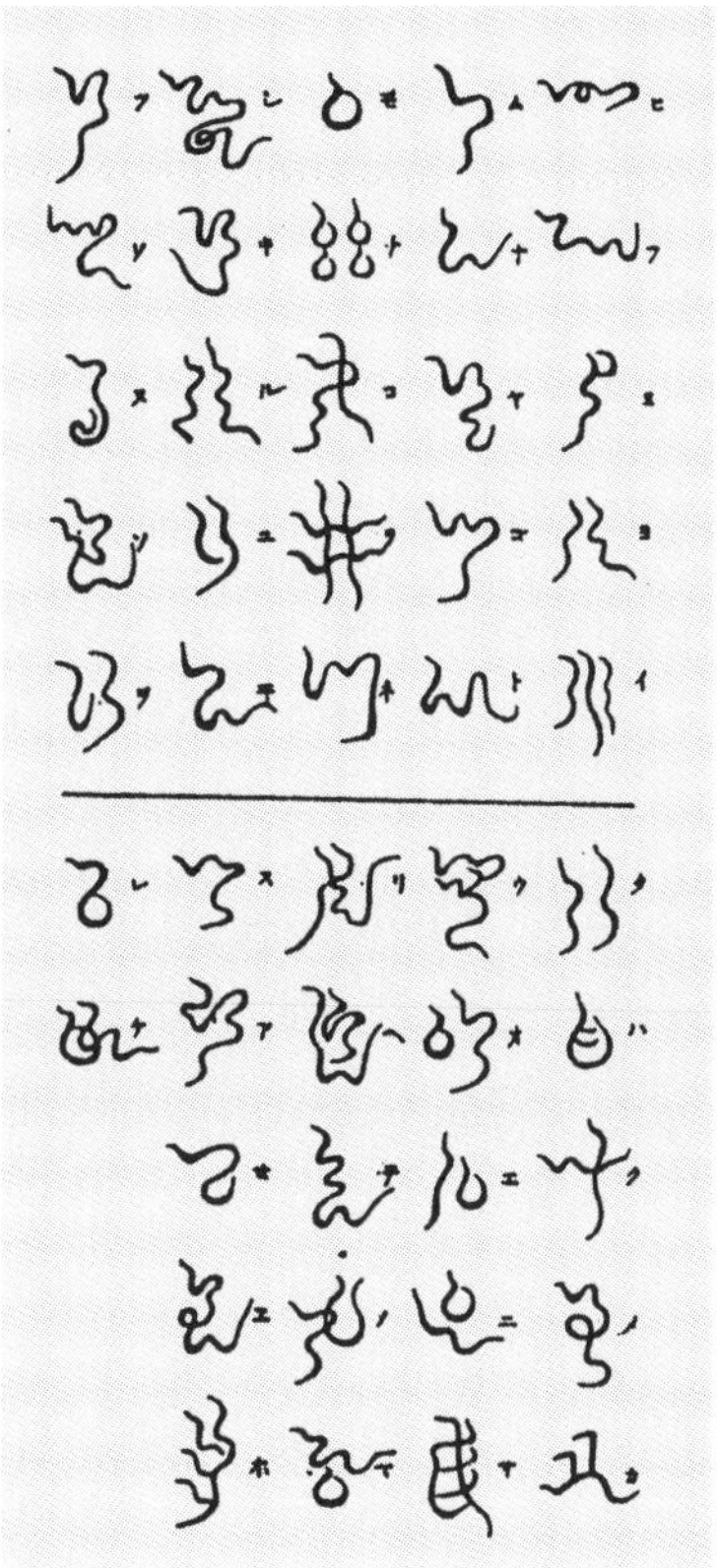

図2　アヒルクサ文字

図3　イヅモ文字

るとどうなるか。

①はアマテラスオホミカミ　　フシハラフヒラ

②はヒツキミコト　　ミナモトヨリトモ

と読むことができる。また、

③はアマノウスメノミコト　　フシハラタタフミ

④はアマツコヤネノミコト

と読み解ける。

そして、これらの奉納文を右のように読み解いた人なら、それぞれが、

①天照大御神（あまてらすおおみかみ）　藤原不比等（ふじわらのふひと）

②日継尊（ひつぎのみこと）　源頼朝（みなもとのよりとも）

③天宇受売命（あまのうずめのみこと）　藤原忠文（ふじわらのただふみ）

④天津児屋根命（あまつこやねのみこと）

を表わしていることに気づかれたはずだ。

大宝律令の作成に深くかかわり、平安時代の藤原一族の繁栄の始祖となった①の藤原不比等（奉納文で「ト」が「ラ」になっていることについては、もともとは〝フヒラ〟と呼んでいたという説があることを記しておこう）。そして、鎌倉幕府をつくった②の源頼朝。両者は、ともに日本史上あまりにも著名な人物だから、詳しい説明はいらないと思う。

③の藤原忠文（八七三〜九四七）は朱雀天皇時代の公卿で、平将門の乱のときに征東大将軍、藤原純友の乱（二つの乱を合わせて承平・天慶の乱〈九三五〜九四〇〉）のときに征西大将軍になったが、現地到着前に事件が収まったので、天慶の大乱の鎮圧者とはならなかった。そして、論功行賞がなかったことに深い怨みを抱き、その死後に不気味な事件が相次いだことから、「悪霊民部」として恐れられた人物である。

忠文の奉納文に神話時代の岩戸開きでアマテラスの怒りを解いたアマノウズメの名が記されているのは、彼自身が天慶の乱を高天原の大乱になぞらえ、みずからの役目を、そのときのウズメの役割に等しいものとみなしたからなのか。

当時の彼の心境をうかがうにはいささか材料不足だが、④の無署名の奉納分もまた、アマツコヤネを高天原時代の始祖と仰ぐ藤原家の忠文が残したものと考えれば、ある程度そのような心境にあったことが推測できる。

## さまざまな字体があった日本固有の古代文字

さて、伊勢神宮に現存する奉納文は、先の四点にとどまらない。これまで確認されたものだけでも九十九点あり、その大部分は藤原鎌足や和気清麻呂、後醍醐天皇といった歴史上名高い人物で占められている。このなかには『古事記』と『日本書紀』の編纂に携わった稗田阿礼、太安万侶、舎人親王なども名を連ねていることは重要だ。

これらの奉納文は、奈良時代から江戸時代中期に至るおよそ千年間にまたがって、それぞれの時代に伊勢神宮に参拝した著名な指導者たちが、さまざまな思いをこめて納めたたいへん貴重なものである。

読者としては、漢字が使われていた時代にどうしてわざわざわかりにくい古代文字を使ったのか不思議に思われるところだが、ある宮司の話によると、日本の神々は外来宗教と外来文字を嫌われたので、神前への奉納文は神々の好む和字（神代文字）で書かれるのが慣行だったとのことである。

それはともかく、奉納文は神宮文庫に「かみのみたから」としてたいせつに保管されてきたもので、現存のものは、明治初年まで伝えられた原本の写しを下敷きにして、新しい美濃紙にその輪郭を写し取ったものといわれている。

このような奉納文に用いられた古代文字を書体別に分類すると、

| | |
|---|---|
| アヒルクサ文字（薩人書） | 五十七点 |
| アヒル文字（肥人書（こまひとのふみ）） | 十六点 |
| アワ文字 | 六点 |
| タネコ文字 | 六点 |
| 絵文字 | 五点 |
| イヅモ文字 | 二点 |

その他　七点
計九十九点

となり、日本の古代文字研究者の間で「アヒルクサ文字」と呼ばれている薩人書が全体の六割近くを占めていることがわかる。

もしも、これらの奉納文のすべてが本物の正確な写しだとすれば、そこに使われてきた異体文字のいくつかは確実に奈良時代までさかのぼることになる。

つまり、さきに見た藤原不比等や稗田阿礼、太安万侶、舎人親王、和気清麻呂らは、いずれも八世紀に活躍した人物であるから、彼らの奉納文に使われた薩人書（アヒルクサ文字）や肥人書（アヒル文字）は、平安時代以前から使われてきた日本固有の古代文字だということになる。

そして、十世紀前半、平安時代中期に活躍した藤原忠文の奉納文に登場するイヅモ文字（高天原五行之文字）も、平田篤胤の『神字日文伝』によれば、和銅二年に使われていた形跡があるので、これまた平安時代以前の古代文字の一つであったと考えられる。

## 奉納文はニセモノではない！

平安時代以前に日本固有の古代文字があった、漢字や仮名以外の文字が厳然として存在した、という結論は、これまで日本の古代史について書かれてきた何万という書物の基礎を揺るがし、日本古代史の根本的な書き替えを迫る、ゆゆしい結論だ。

このことを重視した神宮皇學館の元学長・山田孝雄博士（故人）は、私のような研究者がこの問題に立ち入ることを封じるために、早速、一九五三年の『芸林』誌上で「所謂神代文字の論」（二月・四月・六月号）を発表し、先手を打った。

彼はまず、これらの奉納文を〝調査〟した結果、「その紙質、墨色を見るに明治の初年頃を下るものであろうが、それを上ることのないのは明らかである」として、それらは書写年代が新しいから偽作物だと断定している。

彼の論法に従えば、江戸時代の初めに名古屋の真福寺で見つかった『古事記』の写本も、奈良時代の原本そのものではないからニセモノだということになる。

奉納文の紙質や墨色がたとえ明治初年のものだとしても、そこに書かれた内容が原本と同じであれば、千古不易の価値をもつ道理がまったく無視されることになる。

また彼は、「これらは何を基にして写したのかも分からぬ。とにかくこれらは神宮教院で製したもので……」と述べ、まるで伊勢神宮の神宮教院がこれらの奉納文を贋作したかのような書き方をしている。

しかし、神宮教院といえば、それは明治五年に維新政府の政令によって設置された大教院をさしている（神宮司庁発行『神宮百年史』参照）。大教院の教主は、皇族の久邇宮朝彦親王殿下だ。そのような権威ある神宮教院が、国民を騙すために、わざわざ時代も書体も変えて、九十九点にのぼる煩雑きわまりない大がかりな贋作作業を実行した、などということが本当にありうるだろうか。

山田博士の論文は、過去千数百年にわたって日本の伝統と文化遺産を守り続けてきた伊勢神宮が、あたかも私たちを騙すためにこれらの奉納文をでっちあげたかもしれない、という憶測を生みだすもので、このような人物が神宮文庫の館長を兼任していたこと自体が信じられないくらいだ。

その後の日本の歴史学界は右のような山田博士の結論を踏襲して、相変わらず古代の日本には漢字以外の文字がなかったことを国民に教育し続けている。

そして伊勢神宮の奉納文が伝世の写本であることを口実に、日本古代文字の存在を否定し続けているが、はたしてそのような確信は、いつまで揺るがずにもちこたえられるだろうか。

これまでのところ、日本の古代史学者の大部分は、平安時代以前の遺跡から出土した遺物にこれらの奉納文の文字と同じ古代文字が見つからないところから、山田博士の見解をうのみにしているが、もしも、その気になって古墳から出土した鏡の文字を調べてみれば、そこには明らかに漢字や仮名と異なった文字、さきの奉納文に使われた文字が刻まれていることがわかるだろう（第2章参照）。

日本の古代文字は「見つかっていない」のではなく、「見つけようとしない」から、これまで存在しないことになっていたのだ。

## 神代文字は〝地球探検〟のマスターキーだ

神代文字についてたくさんのページを割いてしまったが、このことは、これから本書で向かう〝地球探検〟のための旅じたくとして欠かせなかったことを読者もご了承願えることと思う。そして、当章の冒頭および「はじめに」に記したロスチャイルド家の神代文字への関心も、日本に秘められた神代文字の実在が〝確かなものであること〟が彼らのアプローチの基礎となっているのだ。

しかし、それでも〝なぜ神代文字なのか〟が突きとめられたわけではない。それを追うには再び発端となった私の近年の作業に戻ることになる。

私は過去四十年あまり、世界各地の遺跡や遺物を調べてきた。が、その過程で、太古の地球の謎を解く鍵が未解読文字であることを発見し、さらにその未解読文字を読み解く鍵が日本の神代文字であることに気づいた。つまり、神代文字は謎解きの鍵の鍵、つまりマスターキーだったことを発見したのだ！

この〝大発見〟以来、私は世界の未解読文字を手当たりしだいに読み解いてみることにした。いまだに解読した者はいない、とされているさまざまな碑文の〝戸籍調べ〟を行なってきたのである。

その結果、自分でも信じられないようなことが次々と起こっていった。それまで暗号みたいでまったくチンプンカンプンだった文字の出所が一つ一つわかっていくとともに、なんと、そこには意味をもった文が浮かび上がってきたのだ。それも現代の私たちが十分理解できる古代の日本語としてである。

こうやって、29ページに見たロンゴロンゴ文字も、ファエストス円盤も、クレタの線文字Aも、アンデスの黄金板碑文も……、とにかく私が手に入れた碑文のほとんどを解読してしまった。

こう記すと、「信じられない、こじつけではないのか」と口の悪い人はいうかもしれない。なにしろこれらの碑文は、今まで欧米の学者たちがやっきになって解読を試みたが、いずれも失敗に終わったものばかりだ。それを日本の片隅の一研究者が読み解けたとなると、そうやすやすとは信じられない、と思うのは当然だろう。

しかし、私は誰がなんといおうと、現実にそれを解読してしまったのだ。日本に伝わる神代文字という秘密兵器を使って、それほどの難もなく、あっという間に太古の謎の扉をこじあけてしまったのだ。

そんなことがあるものか、と今は信じられない人でも、いずれそのことを喜んでくれる日がくるだろう。時が追いつき、未来が私の解読結果にほほえみかけてくれる、その日が必ずくる。真実は、それに目を向け、しっかりと見ようとする者には、おのずからその姿を現わしてくれるものなのだ。

が、それよりも、未解読の碑文にはどんなことが書かれていて、その結果どんなことがわかってきたのか、そこが気になるところだろう。私と一緒に地球探検の旅に出かけようという読者は、本書を読み進まれるうちに徐々におわかりいただけると思う。

それは私たちの祖先カラ族が、世界を舞台に活躍していた、輝かしい時代の「歴史の証言」ともいうべきものであった。その証言をつなぎ合わせていくと、ジグソーパズルが埋められていくように、秘められた謎が解けていった。太古の世界が次々と大写しのスクリーンに描きだされていったのである。一大スペクタクルともいうべき壮大なドラマが展開してきた。そこには、本書で紹介するように、太古の日本に偉大な王たちがいて、世界を平和に統治していた、という夢のようなロマンあふれる事実も浮かび上がってきたのである。

そうしたなかで、ロスチャイルド家の神代文字へのアプローチの真の狙いがどこにあったのかもはっきりしてきたのだ。

第1章

# 〝彼ら〟が今、必死で探し求めているもの

## ――古代のスーパー・テクノロジー〝ヴィマナ〟

## アンデスの黄金板碑文が投げかけるメッセージ

さて、本書でご紹介する私たちの祖先＝カラ族――唐突にこんなことを聞いて驚かれるかもしれないが、本書を読み進めるうちに必ずやそれを納得されるはずである――は、太古に高度な文明社会を築き、今から二千七百年以前に世界各地をトンネルで結ぶ巨大な地下都市ネットワークを建設していたのである。

このうちの一つ「南米カラ帝国の〝七つの都〟」はその一端がすでに姿を現わし始めている。一九六〇年代のなかばに見つかったエクアドルの地下都市がそれだ（本書は直接これに言及しようとするものではないため、詳細については拙著『太古日本・驚異の秘宝』〈講談社刊〉を参照していただけるとありがたい）。

一九六五年にハンガリー生まれの探検家ファン・モーリスによって発見され、七二年にスイスのベストセラー作家E・V・デニケンの著作『神々の黄金』（金森誠也訳・角川書店刊の邦訳参照）で広く世に知られるようになったこの地下都市には、私が「アンデスの黄金板」と呼んでいる謎の碑文（47ページ写真）が眠っていた。

エクアドルの地下都市に潜入したデニケンは、そこで彼のそれまでの知識をはるかに逸脱したものに遭遇して驚き、「きっと、いつの時代とも知れぬ太古の昔に、別の星から飛来した宇宙人がこの地下都市をつくり、これらの遺物を残したのだ。だから黄金板に刻まれた文字は、

これなる金の板にイサクとヨセフ記す
ここにわがクルの宝あつめしめ
のちの世に伝へて礎たらしめむ
ヤハウェを我らの神とあがめよ

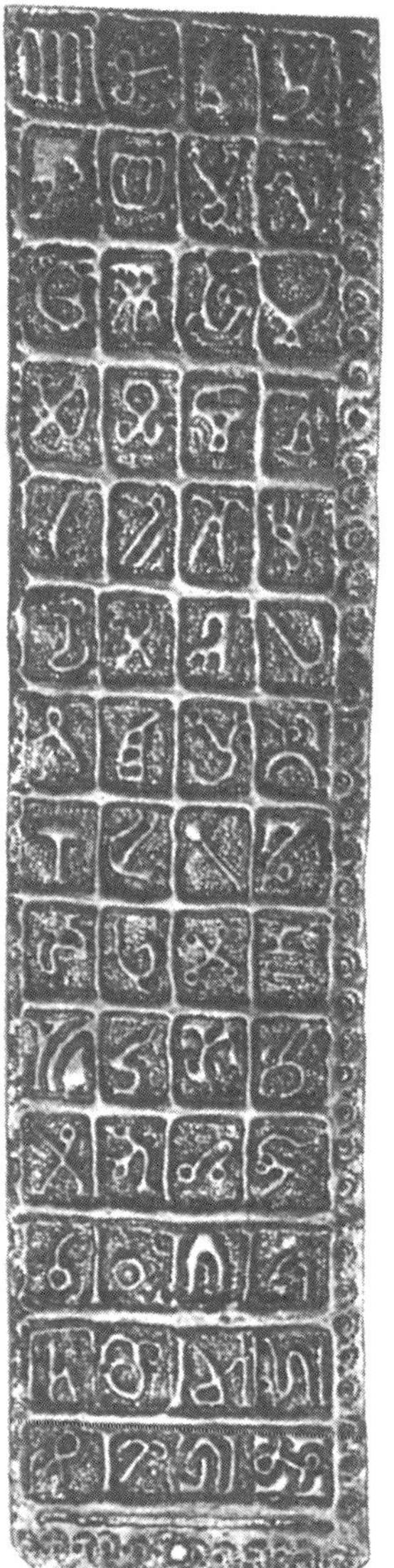

ヤハウェヲワレラノカムイトアガメヨ
ノチノヨニツタヘテイシスヱタラシメン
ココニワガクルノタカラアツメシメ
コレナルキンノイタニイサクトヨセフシルス

『カラ族の文字でめざせ！　世紀の大発見』［以下『カラ族の文字』と略す］252頁参照

アンデスの黄金板に刻まれた謎の碑文には驚くべきメッセージが秘められていた

宇宙人が残した文字に違いない」と考えた。

デニケンはなんとかその文字を読みたいと思い、多数の学者に写しを送って検討してもらった。彼の依頼を受けた学者は、黄金板の文字が、二千三百年前のインドのブラーフミー文字（注7）とよく似ている点に注目してこの黄金板碑文の解読に取り組んだのだが、一部の文字はブラーフミー文字で読めたものの、結局、全体の意味をつかむことはできなかった。

私がその黄金板の写真を初めて目にしたのは、一九七〇年代後半のことだった。高さ五二センチ、幅一四センチ、厚さ四センチの不思議な黄金板碑文を見たときに私が受けた衝撃は今でも忘れられない。

黄金板に刻まれた五十六の文字――ファン・モーリスやデニケンを驚かせた未知の文字は、私の見慣れた文字だったからだ。前述した平田篤胤の『神字日文伝』に収められているものと同じ神代文字だったのである。

アンデスの黄金板碑文を私自身が解読した結果現われたものは、次のようなメッセージだった。

コレナルキンノイタニ
イサクトヨセフシルス
ココニワガクルノタカラアツメシメ
ノチノヨニツタヘテ

注7：アショーカ王の碑文などに残る古代インドの文字。西方のアラム文字（北セム系の表音文字でヘブライ文字のもと）に由来するともいわれる。

イシスヱタラシメム

ヤハウエヲワレラノカムイトアガメヨ

このままでも意味はおわかりと思うが、わかりやすく現在の漢字仮名混じり文で表わすと次のようになる。

これなる金の板に

イサクとヨセフ記す

ここにわがクルの宝あつめしめ

のちの世に伝へて

礎（いしすゑ）たらしめむ

ヤハウェを我らの神（カムイ）とあがめよ

エクアドルの地下都市から出土した黄金板碑文が日本の神代文字で読め、しかも日本語として立派に通用する文になっている！　このことは、何を意味しているのだろうか。

## ロスチャイルドの関心と神代文字が重なった

私は初めのうち、自分の解読結果を疑った。二行目のイサクとヨセフは明らかに日本人の名前ではない。ましてやヤハウェは『旧約聖書』に登場する神の名ではないか、と。イサクやヨセフという名は今から何千年も前の古代ヘブライ人、つまり現在のユダヤ人の遠い祖先の名前である。彼らがヘブライ人であればヤハウェの神を祀るのは当然のことであるが、しかしどうして古代のユダヤ人が日本語を話したり、日本の神代文字で碑文を残さねばならないのか。

解答は意外な、あるいは当然なところにあった。黄金板の作者が日本人でありながらユダヤ人名でも記されているのは、日本人の祖先とユダヤ人の祖先が同じクル族（＝カラ族）であったからなのだ。

アンデスの黄金碑文に沿っていえば、三行目のクルが日本とユダヤを結んでいるのである。古代イスラエルの都があったサマリアは、もともとは「カルクー」や「クルクー」と呼ばれていた。クーは「国」を意味するから、カルクーは「カラ族の国」、クルクーは「クル族の国」となる。

つまり、ユダヤ人と日本人はその昔カラ族（クル族）と呼ばれた「日経（ふ）る民（ヒブルの民）」から分かれた兄弟民族だったのだ。

しかも、ここで注意しなければならないのは、日本の神代文字で書かれたアンデスの黄金板碑文に、ユダヤ人が長い間探し求めてきたクルの宝、すなわち大異変で滅び去った「太古日本の宇宙文明の遺産」のありかが記されている点である。

ロスチャイルド家の神代文字へのアプローチもここにあった。エクアドルの地下都市に隠された彼らの求める宝は、単なる黄金といったものではなく、私たち日本人の祖先が世界を治めていた時代に使っていた〝ヴィマナ〟と呼ばれる空艇（くうてい）だったのだ。その空艇がどんなものであったか、以下に概略を説明すればこうである。

## 太古日本・カラ(クル)族の驚異の航空機〝ヴィマナ〟

インドの国際サンスクリット・アカデミーのG・R・ジョシュア所長が英訳した古文書『ヴィマニカ・シャストラ』(航空学概説)には、今から二千七百年前まで日本に存在していたカラ族の飛行機械のつくり方や使用法が詳しく述べられている。

古代インドの賢者マハリシ・バラドワジャの手になり、今世紀の初めにバラモンの高僧パンディット・S・シャストリに伝えられたこの由緒あるテキストには、なんと驚くべきことに地球の上空を飛べるだけでなく惑星間飛行もできた三つのタイプの航空機の構造と材料、性能、建造法、操縦法などが具体的に記されている。

今日の物理学でタキオンとして知られている超光速粒子を電気に変え、三相交流モーターで超電導状態を実現して宇宙空間を飛行するこのヴィマナは、現在アメリカやロシアが必死になって開発している〝空飛ぶ円盤〟そのものではないか。

古代日本のヴィマナは空を飛ぶことができただけでなく、空中に停止することも、水上に浮かぶことも、水中を航行することもできた、また、機体を取り巻く電磁場を操作することによって光を放射・吸収したり、雲や嵐を発生させることもできた。

重力の問題をすでに解決していた太古日本の科学者は、あらゆる形の飛行機械をつくることができたばかりでなく、住居や都市、巨大な島さえも宇宙空間に浮かべることができたのである。

これらの記述に似たことはインドの有名な叙事詩『マハーバーラタ』や『ラーマヤナ』などにも記されており、今から三千～四千年前に、カラ（クル）の神々は〝空飛ぶ島〟ともいうべき巨大な宇宙ステーションとさまざまなタイプの宇宙船をもっていたことがわかる。

インドの数多くの伝説は、紀元前八世紀の宇宙工学者マヤが周囲一万キュービット（直径一・五キロメートル、円周四・七キロメートル）にも達する星間宇宙船をつくっただけでなく、「ガガナカーラ・サブハ」をはじめとするいくつかの巨大な宇宙都市や宇宙ステーションをつくったと述べている。

紀元前に成立したヒンドゥー教典の一つ『サマランガナ・スートラ・ダーラ』は、かつてブラフマンがつくったヴィラヤ、カイラサ、プシュパカ、マニカ、トリビスタパの五つの宇宙都市のことを伝えているが、この書物によれば、クベーラ（金比羅）の宇宙都市プシュパカは五五〇×八〇〇キロメートルという信じられないような規模をもち、銀河系でひときわ美しい輝きを放っていたといわれる。

## 世界各地の伝承と遺物が証明するヴィマナの実在

インドとは別に、古代のアンデスやメキシコに高性能の飛行機械があったことは、一九四〇

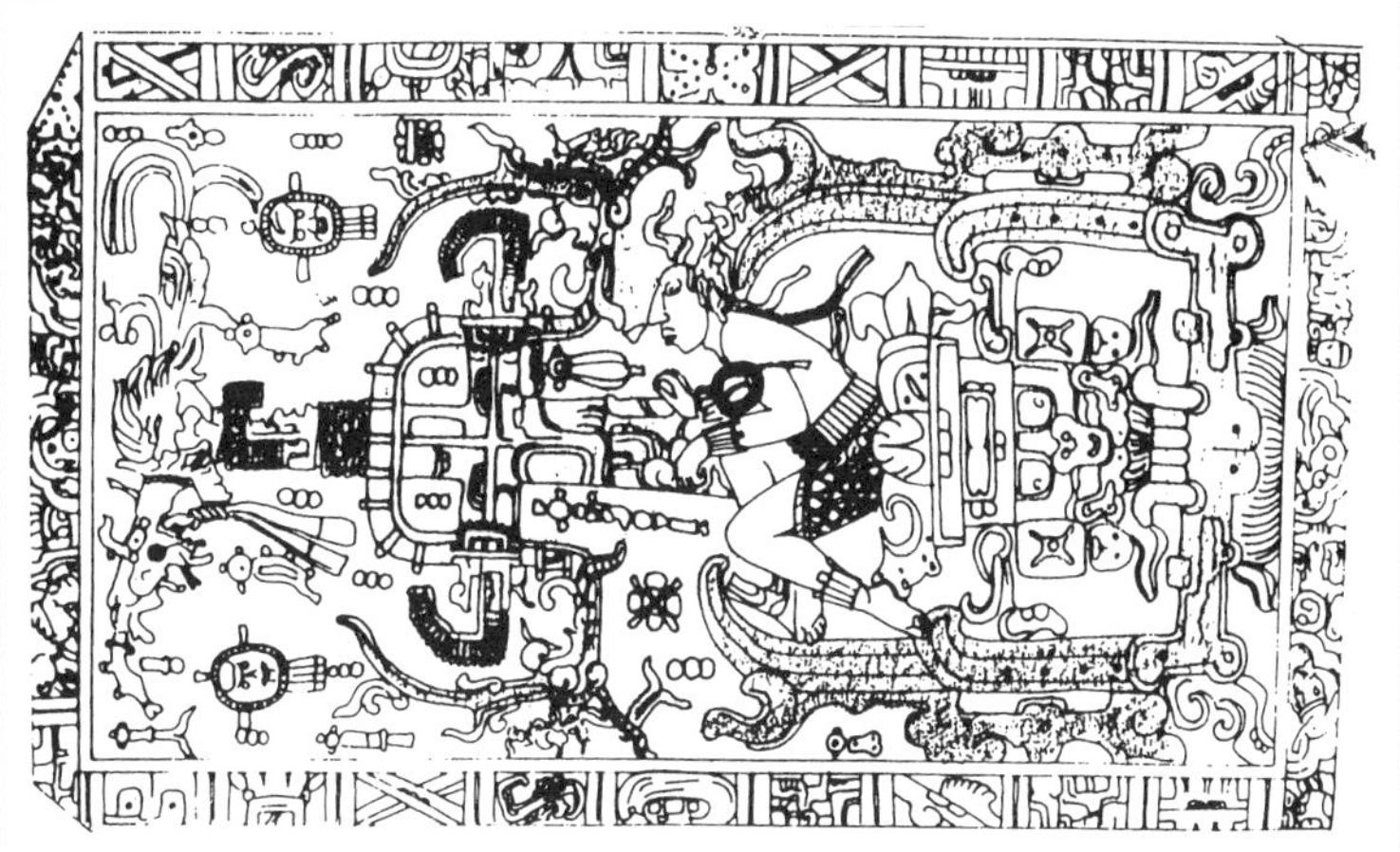

パレンケで発見されたロケットを操縦するパイロットの彫刻画

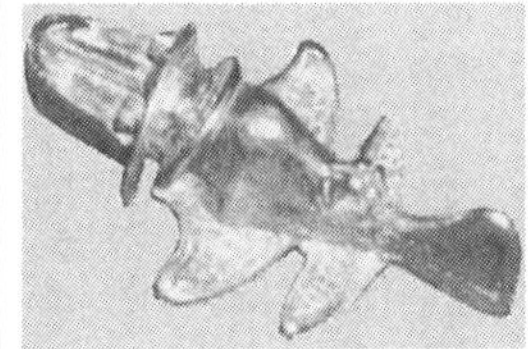

コロンビアの〝動物形態品〟
は航空機だった

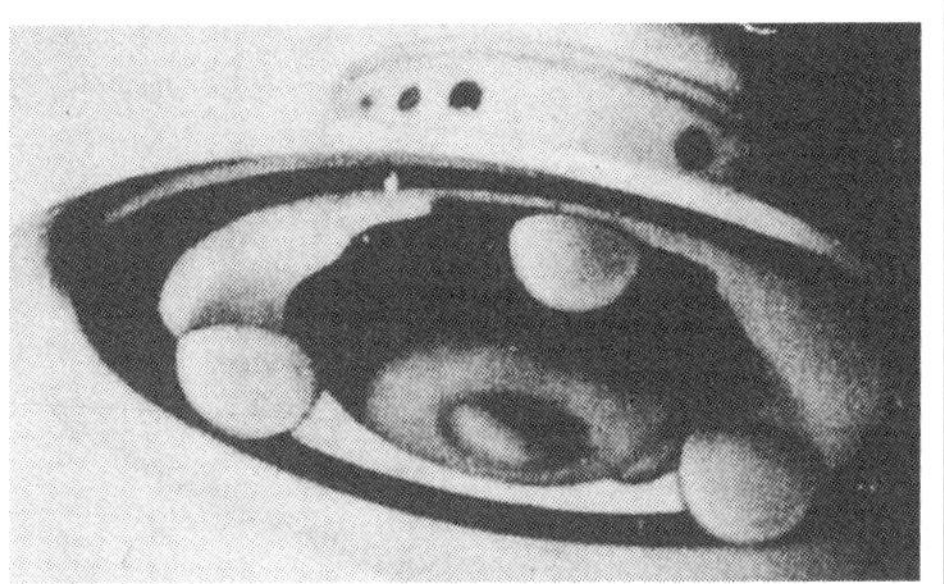

太古の〝ヴィマナ〟は現代の「空飛ぶ円盤」だった!?

ティアワナコの太陽の門はタキオン発電装置の遺構!?

年代以降、中南米の各地で進められたいくつかの考古学調査と遺物の再評価からしだいに明らかになっている。

一九五二年にメキシコ国立人類学研究所のアルバート・ルース・ルイリエル博士がパレンケの「碑銘の神殿」と呼ばれるピラミッドの地下で発見した巨大な王の柩（ひつぎ）の蓋石（ふたいし）には、ロケット型の飛行機械を操縦する太古日本のパイロットの彫刻画がはっきりと描かれている。

イギリスの航空技術専門家Ｊ・Ｉ・サンダーソン博士がパレンケの飛行機械の復元を試みたところ、それはエドウィン・グレイの考案したＥＭＡモーター（従来とは異なるエネルギーを利用した無限に近い連続運転可能な電磁パルス式モーター。アメリカ特許番号第３８９０５４８号）の構造とよく似ていることが明らかになった。

ということは、この飛行機械が現在でもいまだ実用化されていないタキオン駆動式の航空機であった可能性があることを物語っており、古代のメキシコにも宇宙船といえるものが存在していたことを示している。

古代のアメリカ大陸にはマヤの宇宙船以外にも、別のタイプの巨大な航空機があった。

それは、中米のコスタリカから南米のコロンビア、ベネズエラ、エクアドル、ペルーに至る地域から出土した大小二十数個の奇妙な黄金製品の研究から明らかになったものである。

動物学者かつ考古学者として知られるイギリス海軍情報部のアイヴァン・サンダーソン博士をはじめ、ベル・ヘリコプターの設計者としても知られるアーサー・ヤング、世界最初のロケット・パイロットであるジャック・ウルリッヒといった第一級の専門家がこれらの〝動物形態品〟を鑑定した結果、間違いなく古代の航空機の模型であるという結論が出た。

それらの航空機は現代のスペースシャトルよりはるかに高度な性能をもった宇宙船といえるもので、インドの飛行機械と同様、空中から海中へ、海中から空中へスキップし、ジャンプできる機能を備えていたと報告されている。

## 地球各地から月や火星に飛んだヴィマナ

それでは、これら太古日本の航空機は当時どのようなかたちで使われていたのだろうか。中国に伝わる世界最古の地理書『山海経（せんがいきょう）』を素直に読み解けば、当時の飛行ルートは明らかにこうなる。

アンデスのティアワナコ遺跡（ボリビア）から飛び立ったヴィマナは、イースター島に着陸し、そこから南西太平洋のトンガに飛行した。トンガからさらにニューギニア上空を越えてヒマラヤ山中の神々の地下の館を目ざしたヴィマナは、当時ヒマラヤにあったシャンバラ（仙洞）と呼ばれる日本の都の一つからヨルダンのバールベック宇宙港に立ち寄ったのち、さらにエジプトやガーナを経てティアワナコの宇宙港に戻った。

当時のヴィマナは地上に着陸するとき、ナスカ（ペルー）やソールズベリ（イギリス）、あるいはコーカサス山脈東麓のウスチウルト台地に描かれた地上絵を航空標識（ランドマーク）として利用していた。

別の星と地球を往復するときは、アンデスやヒマラヤ、コーカサス山脈が大きな目印になった。

『山海経』にはこれらの山脈に〝天帝の秘密の都〟と〝天帝の下界の都〟があり、神々の地下の館（地下都市）が地上の航空標識やピラミッド、人造湖をともなって、世界各地につくられたと記されている。

太古日本の宇宙船は、地球の七つのチャクラ（注8）につくられた地下都市から月や火星へ飛びたったのである。

当時のカラ（クル）文明は、現在NASAが計画しているスペース・コロニー（宇宙植民島）をはるかに凌（しの）ぐ宇宙ステーションをいくつももっていた。

それらは月と地球の重力が均衡するラグランジュ・ポイント、特にNASAが注目しているL5ポイント周辺につくられたとみられる。そして、月のクレーター周辺にはいくつかの月面基地が、また、クレーター内部には地球と同じように巨大な地下都市がつくられていた。

春秋・戦国時代にまとめられた中国の古い伝説には、太古日本の宇宙飛行士がその当時地球を治めていた女帝とともに月へ向かい、月面上に立ったとき、「凍ったように見える地平線」が見えたので、そこに「大寒宮」を建てたと記されている。この女性は火星の人面岩として知られる航空標識のモデルとなったカラ族の女王とみられる。

注8：いわゆる〝気〟の結節点。転じてヨガなどでは人体の各部位にあるエネルギー・センターとし、天からくるエネルギーを分化分配して生体を支配するとされる。漢方でいう〝経絡〟はその通り道。

## 輝いていた太古日本カラ文明の数々

カラ文明はさまざまなタイプの宇宙船や宇宙ステーションを生みだしただけでなく、そこには超光速素粒子タキオンを利用した発電装置が作動する快適な都市が栄えていた。ティアワナコの太陽の門やトンガの太陽の門は、当時のタキオン発電装置の遺構とみられる。また、中米コスタリカの石球やオーストラリア、アフリカの各地に残る石球（注9）は、当時のタキオン照明装置の一部であろう。

この時代は宇宙医学と宇宙芸術が最も栄えた時代でもあった。現在、ヨガや経絡（けいらく）としてかろうじて伝わっている高度な知識は、当時の宇宙飛行士のために組まれた健康法の一部なのであった。

この時代の医学が現代の医学よりはるかに進んでいたことは、アンデスやヨーロッパ、あるいはコーカサス、中央アジアなどの各地から出土した遺骨に見られる脳外科、心臓外科手術の成功例によって確かめられている。

古代のアルメニアでは、現代のものにまさるとも劣らない手術用の鋼鉄製ピンセットをはじめとする各種の手術用器具が見つかっており、エジプト、ペルーでも歯科用のブリッジ、義歯などの使用が確認されている。

芸術面においては、地球の各地で光と音のハーモニーを自然のなかで再現する宇宙芸術（コ

注9：オーパーツ（場違いな出土品）の一つで、現代科学でも作製がむずかしい石造りの球。右写真のコスタリカのものなどが有名。

ズミック・アート）が実践されていた。アンデス高地のマルカワシや日本の中央高地（日本アルプス）には、当時の芸術劇場の跡がある。

また、南極の厚い氷の下には火星の人面岩と同じような人物の絵が大地に刻まれているだけでなく、ブラジルのリオデジャネイロの近く、コロンビアのボゴタ周辺、メキシコのロルトゥン洞窟、日本の北アルプスの穂高岳その他には、自然の岩山を削り取って加工した神々の像が描かれている。

このように進んだ当時の日本文明にあっては宇宙船、宇宙ステーション、地下都市などの建造にレーザー光線や超ＬＳＩに代表されるスーパー・テクノロジーが使われていた。

その証拠として、プレインカのビーズ（穴の直径わずか〇・三ミリ）やメキシコのモンテ・アルバン遺跡から発見された黄泉(よみ)の神ミクトランテクトリの彫刻（見方を変えれば、太古の超ＬＳＩ回路図）などがある。

また、この時代の地球上の各地にはさまざまな大規模構造物がつくられた。その一例として、ギザの大ピラミッドがそびえ立つナイル河口の台地から西へ向かって、アフリカ大陸の西端モロッコまで築かれた総延長四〇〇〇キロに及ぶサハラ大運河の存在があげられる。この巨大な運河の形は、ピリ・レイス地図（注10）と並んで有名なイブン・ベンザーラ地図（注11、60ページに掲載）に詳しく描かれている。

注10：トルコのトプカピ宮殿から発見されたもので、「1513年にピリ・レイス提督が2000年前の古地図に基づいて描いた」と書き込みがあるが、この時代より200年もあとにわかった南極大陸がすでに描かれており、大陸の海岸線は衛星写真と一致している。

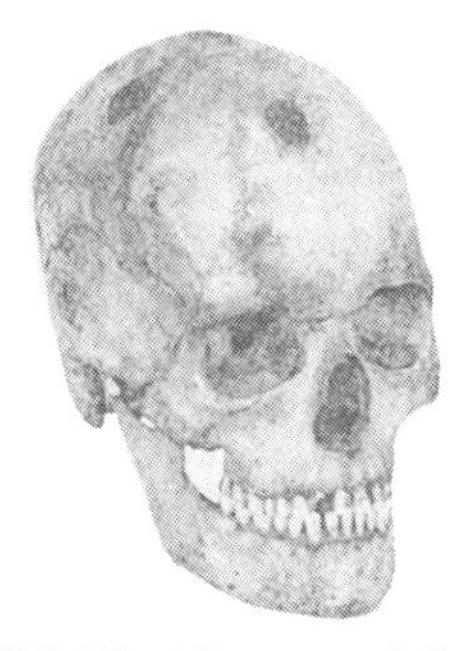

脳外科手術の痕跡がある3000年前の頭蓋骨

筆者の学友G. R. ジョシュア博士が現代科学の最先端の知識をもとに復元した〝ヴィマナ〟

太古の超LSI回路図を内蔵したミクトランテクトリ像は日本の王を表わしている

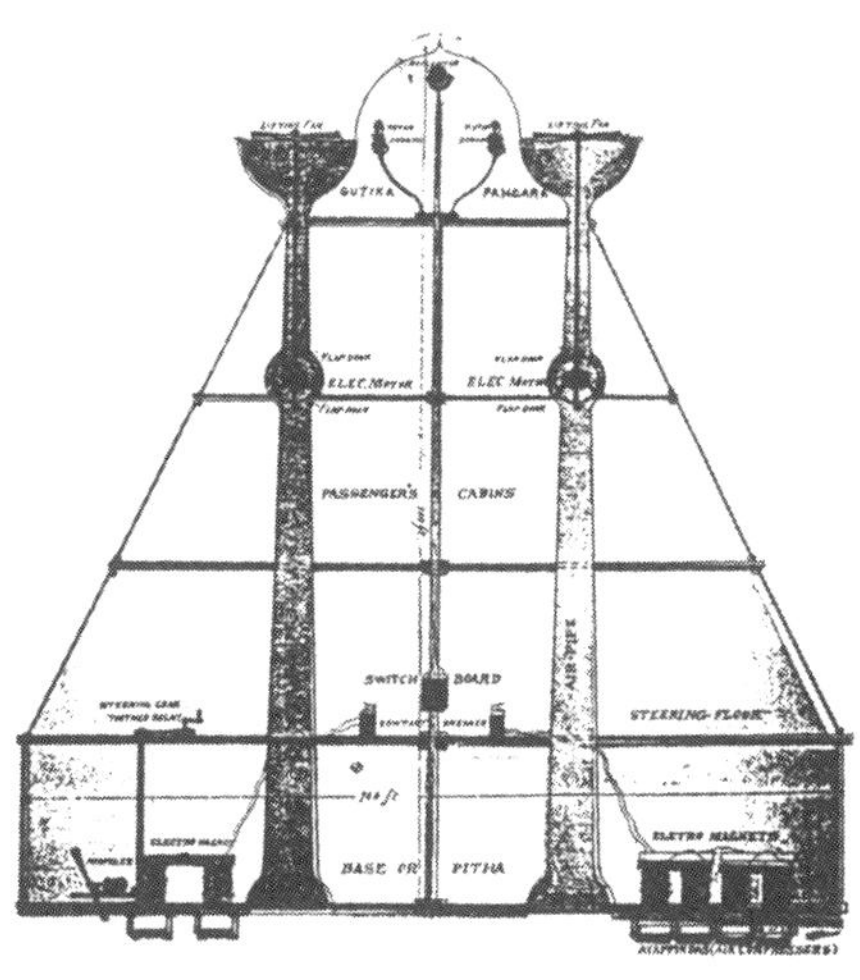


太古の宇宙船〝ヴィマナ〟の設計図

## 原日本人・カラ（クル）族の保持した宇宙文明の証明

今から二千七百年以前（放射性炭素C14年代測定法ではおよそ一万二千年以前）に栄えた、以上のようなカラ文明——その痕跡は日本にもある。

たとえば、ヴィマナと同じような航空機が日本のアイヌに伝わる叙事詩『ユーカラ』にも登場する。そこには、カムイチセ（神の家）、カムイマウ（神風）、シンタ（ゆりかご）、フリ（星間宇宙船）というタイプの異なった宇宙船の存在が記されている。

『ユーカラ』とは別に、茨城県の皇祖皇太神宮に伝わる古史古伝の一つ『竹内文書』にも「天の浮舟」「天の鳥舟」と呼ばれた太古日本の宇宙船に関する記述がみえる。

同書には、上古第三代天皇の時代に、北アルプスの蓮華城で大型宇宙船八隻と小型宇宙船十六隻がつくられたこと、また当時、仙洞（シャンバラ）と呼ばれる地下都市がつくられたことなどが記されている。

また、第九代天皇の時代には、メソポタミアに大黒人山（デーグロト山＝ジッグラト）と呼ばれる階段状のピラミッドがつくられたという記述もみられる。

私たち日本学術探検協会の調査によれば、日本には三千以上のピラミッド山があるが、北アルプス、奥多摩、千葉県の印旛沼と手賀沼の一帯、利根川流域のピラミッド山をつないでいくと、それぞれの地域には、なんと太古の宇宙船の設計図が浮上してくるのだ！

注11：オスマン・トルコの地理学者イブン・ベンザーラが1487年に描いたものとされるが、地球規模の異変によって地軸が傾く前、つまり現在以前の地中海世界の地形がみられるとして近年注目されている。

## ヒトラーやF・D・ルーズベルトも追い求めていた〝クルの宝〟

アンデスの黄金板に記された〝クルの宝〟――それは、世界最大のユダヤ財閥であるロスチャイルド家が今も探し求めている「世界の王のしるし」でもある。

第二次大戦前・中にドイツの総統アドルフ・ヒトラーやアメリカの大統領F・D・ルーズベルトが必死に求め、ロスチャイルドをバックとするイギリス情報部が血眼（ちまなこ）になって追い求めたのもこの〝クルの宝〟だった。

その〝クルの宝〟が隠されている場所は、さきに見た世界最古の地理書『山海経』に、「神々の地下の館がある」と記された地下都市だ。

その地下都市がどこにあるか、私はすでにその場所を地図上でいくつか探し当てたが、この問題の重要性にさっぱり気づかない日本人が多いため、いまだに準備不足で探検調査のめどが立っていない。

それもこれも、もとはといえば、私たちの祖先が〝クルの宝〟のありかを〝敵対者〟（漢人（あやひと）／アーリヤ人／アッシリヤ人）に知られるのを恐れて、その目印として使われた日本の神代文字の存在を長い間否定し続けてきたからなのである。それは〝アヤ人対策〟として今も生き続けている。

しかし、アンデスの黄金板に記された碑文が日本の神代文字で書かれていることを読者が知った今では、そこに記録された「のちの世」が、現在そのものであることを一人でも多くの日本人がわきまえて、これまでの歴史の見直しを早急に進め、新しい地球探検へ向かって旅立たなければならないのである。

そのためには、まず、私たち日本人のほとんどが陥っている〝漢字の呪縛〟から自由になることが、緊急の最重要課題といえるだろう。

第2章

# 〝漢字の呪縛〟を解き放て

## ――今、解かれる歴史の〝闇の封印〟

## 『日本書紀』の「古き字」とは何か？

日本の古代史は、これまで文献資料と考古資料の接点がほとんどないかたちで組み立てられてきた。そして通説を含む多くの仮説のなかで、考古学的な文字資料、つまり遺跡から出土した鏡や土器などに刻まれた銘文は、すべて漢字で書かれているかのように扱われてきた。

その証拠に、日本史の教科書に最初に登場する文字資料といえば、西暦五七年に後漢（二五〜二二〇）の光武帝から奴国王に贈られた金印であり、その次に登場するのが、山梨県西八代郡の古墳から出土した呉の赤烏元（二三八）年の鏡や群馬県、兵庫県の古墳から出土した魏の正始元（二四〇）年の鏡である……というふうに、平安時代に入って平仮名や片仮名で書かれた資料が登場する前までは、漢字で書かれたもの以外の文字資料は存在しないことになっていた。

そして、実際に縄文時代や弥生時代、古墳時代の日本に漢字以外の文字で書かれた資料が、65ページの右の写真の例のようにいくつかあるにもかかわらず、それらは「文字ではない」「文様だ」「異体文字だ」「偽銘だ」として斥けられ、遺物に刻まれた異体文字をイヅモ文字やトヨクニ文字、アヒルクサ文字で読み解こうとする試みは、まったく取り上げられなかった。

けれども、読者はこれから私が取り上げる古墳時代の鏡をご覧になれば、伊勢神宮の奉納文に使われた文字の一つは、確実に古墳時代にも使われていたことを自分の目で確かめることが

| | 鏡の字 | 元の字 | 読み方 |
|---|---|---|---|
| ⑧ | | | ニ |
| ⑦ | | (同上) | ニ |
| ⑥ | | キ | ギ |
| ⑤ | | | ヲ |
| ④ | | 田 | タ |
| ③ | | (同上) | タ |
| ② | | | ヘ |
| ① | | | マ |
| ⑨ | | 日 / 八 | ツ / ル |

樹之本古墳出土の鏡の解読プロセス

図4　愛媛県樹之本古墳出土の鏡
表面に刻まれた銘文の文字はイヅモ文字だ。さっそく解読に挑戦してみよう。解読プロセスは67頁を参照

できる。

## 古鏡に残された神代文字銘文を読む

問題の鏡は、愛媛県今治平野の南部にある越智郡朝倉村の樹之本古墳から出土したもので、漢代（前二〇二～後二二〇）の工人の手になるといわれている。鏡の中央部には九個の「文字」が刻まれており、それを図4に①～⑨の番号をつけて模写してみた（65ページ）。

これらの文字をよくご覧いただきたい。どこかで見たことがあるのではないだろうか。そのとおり、九個のうち半数近くが、すでにご紹介したイヅモ文字に似ていることに気づかれたことと思う。

おそらく読者は、まず最初に、文字②の形が35ページに前出したイヅモ文字の「へ」とほとんど同じであることに気づいたはずである。

また、⑦と⑧はともにイヅモ文字の「ニ」とよく似ていることに気づかれた方もおられるに違いない。

⑨はイヅモ文字に該当する例がなさそうにみえるが、これを二つに分けて比べてみるとそれぞれ「ツ」「ロ」と読めそうである。

残る五つの文字は、伊勢神宮の奉納文に使われた例が今のところ見つかっていないが、図5のような神代文字の一つ、トヨクニ文字と呼ばれる古代文字によく似ているので、すぐにも対

| オ | ユ | ウ | イ | ア |
|---|---|---|---|---|
| コ | ケ | ク | キ | カ |
| ソ | セ | ス | シ | サ |
| ト | テ | ツ | チ | タ |
| ノ | ネ | ヌ | ニ | ナ |
| ホ | ヘ | フ | ヒ | ハ |
| モ | メ | ム | ミ | マ |
| ヨ | エ | ユ | イ | ヤ |
| ロ | レ | ル | リ | ラ |
| ヲ | ヱ | ウ | ヰ | ワ |

図5　トヨクニ文字50音表（左が古体象字・右が新体象字）

応例を見つけることができそうである。

つまり、①はトヨクニ古体の「マ」と同じであり、③、④は同じ古体の「タ」に尻尾がついた形である。⑤はトヨクニ新体の「ヲ」と対応し、⑥はトヨクニ新体の「ギ」と「キ」が合体した形で「ギキ」と読める。

もちろん、読者は私がこの鏡の文字を解読するにあたって、イヅモ文字とトヨクニ文字の二つの文字表のなかから、自分に都合のよい対応例を勝手に選び出して当てはめたと思うかもしれない。

が、イヅモ文字とトヨクニ文字が混用されている点については、現在でも平仮名と片仮名、漢字が混用されていることを考えれば、別にあやしいことではない。

そんなわけで、愛媛県・樹之本古墳から出土したこの鏡の表面には、確実に日本の神代文字で書かれた銘文が刻まれているといえるのである。

## 従来の解釈には〝問題〟がありすぎる！

ところが、この鏡の銘文は、日本の神代文字に関する知識をまったくもたない研究者によって、これまで次のように読まれてきた。

長　相　思　母　口　忘　楽　未　央

なんのことだか意味がおわかりだろうか。実はこの読み方は、論文のかたちで正式に発表されて大勢の学者の承認を得たものではない。にもかかわらずこれまでずっと、この鏡の銘文は「長相思……」と読むものとされてきた。ただ権威筋がそう読んだから、という理由のもとに。

しかし、右の解読結果をもう一度よく見てほしい。三番目と四番目の文字はまったく同じ形をした同一の文字としか考えられないはずだ。それなのに一方を「思」と読み、他方を「母」と読むのはどうしたわけだろう。同じことが七番目と八番目にもいえる。素朴に考えてみてもちょっとオカシイのではないか。

私はこういう読み方もあるのかと、実際に古い漢字をいろいろ調べてみた。が、この銘文の文字がそれぞれどの漢字に対応するのか、例を見出せなかった。なぜそのように読めるのか、どうしてもわからなかったのである。

そしてさらに根本的なことをいえば、そもそも従来の研究者がこの銘文の先頭の文字をと決定した理由はなんなのか。そのわけがはっきりしない。というより、まったく恣意的である。

およそ鏡の専門家というからには、このように円環状に並んだ銘文を解読する際には、まず最初に、どこから読み始めるのか、その根拠を示さなければならない。にもかかわらず、そのような根拠を具体的に示すこともせず、権威の名において自分勝手な解釈を他人に押しつけているフシがあるのだ。

これはすべての古鏡研究者に当てはまるわけではないが、それでもほとんどの研究者が古墳時代の日本には漢字以外の文字がなかった、という見方をすべての日本人に押しつけている現状を考えると、この問題を簡単に見すごすわけにはいかない。

さらに、彼らは戦前から日本の古鏡に異体文字が刻まれていることを知りながら、それらを外国の学者のように未解読文字として十分に研究することもせず、それどころか逆に、偽銘というレッテルを貼って闇（やみ）に葬（ほうむ）ってきた。そういう事実を知ってしまった以上、日本の古代文字を抹殺（まっさつ）してきた人たちをますます放置できなくなる。

## 何が書かれているのか？——新しい解読の真実性

そのようなわけで、私は自分なりにこの鏡の銘文がどこから始まるかを考えてみた——その結果、この銘文の最初の文字は、古代人が方位や時刻を表わすときに最初に数えた子（ね）（北）の位置から始まることに気づいた。すなわちこの銘文は、イヅモ文字の「ネ（[illegible]）」を図案化した文様の位置から始まるらしいことに思い当たったのである。

そこで私はひとまず、この文様の内側にある⑧からこれらの銘文を読んでみることにした。その先の読み方は時計回りか、反時計回りかのどちらかだが、とりあえず反時計回りに読んでみることにしよう。意味が通じなければ、今度は逆に読めばいいだけのことだ。

このように考えて、鏡の文字を子（北）の位置から反時計回りに読んでみた。そして、鏡の銘文にさきほど見当をつけておいた個々の文字の読み方をそれぞれ当てはめてみたところ、

ニニギキヲタタヘマツロ

と読むことができた。最後の「ロ」は、トヨクニ新体象字（図5参照）の読み方にならえば「ル」とも読める。

全文はどうやら「ニニギキを称へまつる」という意味になる。この鏡は「ニニギキ」という神か英雄を称えるためにつくられたものらしいのだ。

私の解読結果を、さきの「長相思母口忘楽未央」と比べていただきたい。これら二つの読み方のうち、真実に近いのはどちらだろうか。その判断は読者にゆだねることにしたい。

## 覆（くつがえ）された「上古文字なし」の通説――何が問われるべきか

さて、ここで私がいいたかったのはこうである。

①これまで日本の考古学者は、古墳時代の日本に漢字以外の文字はなかったと唱えてきたが、それは本当なのか。

②これまで日本の古墳研究者は、古墳時代の鏡に日本固有の文字が刻まれた例はないと唱えてきたが、それは本当か。

③日本の古代史学者は、記紀（『古事記』と『日本書紀』）以前の時代に漢字以外の文字で書かれた資料はないと唱えてきたが、それは本当か。

これらに対する答えは、読者もすでに見てこられたとおり、すべてノーである。

古代の日本に漢字以外の文字はなかったという「常識」は事実に則したものではない。そのような常識は、専門家であるはずの古代史学者たちが、私たちに押しつけてきたフィクションだったのだ。

読者はすでに私と一緒に、自分の目で伊勢神宮に伝わる古代文字の実例を見、そこに書かれていたイヅモ文字と同じ文字が、奈良時代以前の古墳から出土した鏡にも刻まれているのを確認したばかりである。

そして私は、ここで取り上げた樹之本古墳の鏡のほかにも、さらに重要な内容が記された鏡の実例がいくつもあることを確認している。

今や私たちは、日本人の祖先が古墳時代に漢字以外の文字をもっていた、という事実を認めるだけでは十分とはいえず、古墳時代の日本人が神代文字を使って遺物に残した銘文の解読結果が本当に正しいのかどうか、このことを問わなければならない。そういう時代になったのである。

## 漢字の呪縛から離れよ——復権する古代日本

私たちは、これまで長い間中国文化の影響下にあり、知らず知らずのうちに漢字の呪縛にとらわれてきた。

そのため従来の古鏡の研究者は、古墳時代の鏡に漢字以外の文字が刻まれていても、それは漢字の異体字ではないかと考え、なんとかそれを漢字で読み解こうとした。そして、それらの異体字が漢字では読めないことがわかると、今度はそれを偽銘として扱い、漢字を知らない人間が漢字に似せて創作した、いかがわしい文字であると唱えだした。

しかし、彼らのそのような見方が誤っていることは、さきの愛媛県・樹之本古墳の出土鏡銘文が、伊勢神宮の奉納文に使われた日本固有の古代文字で無理なく読み解けた例一つをとってみても明らかである。

彼らは、古代の日本に漢字以外の文字文化はなかった、という中華帝国風の大前提に立って日本史を考えたため、もともと日本の古代文字で読み解ける鏡の銘文を、無理やり漢字の異体字で書かれた銘文としてとらえ、その内容が漢文として意味をなさないことがわかると、次には、その理由を古代の工人(こうじん)の無知に求めた。

だが、今や彼らによって偽銘とみなされた銘文のいくつかが、古代日本のイヅモ文字やトヨクニ文字で読めることがわかってきた。問題の鏡を残した古代の工人と近代の研究者の立場は逆転した。

つまり、これまで無知でいかがわしいとされてきた古鏡の作者は当時の日本の古代文字で銘文を残したにすぎず、その銘文を偽銘とみなしてきた後世の研究者のほうが、無知だったのだ。

したがって、私たちはこれから日本の古代史を復元するにあたり、日本に固有の文字があったことを素直に認め、従来の誤った先入観を捨てて、私たちの祖先が残してくれたたいせつな遺産を根本的に見直す必要がある。

そして、私たちが漢字の呪縛を離れて奈良時代以前の鏡や土器、その他の遺物に刻まれた〝文様〟を見直すなら、私たちは八世紀以前の異常に長い日本史の空白を埋めてくれる古代文字資料を必ず発見できると期待してよい。次に示す事例は、そのことを私たちに確信させてくれるもう一つのよい例だ。

## 心ある学者はすでに古鏡銘文の見直しの必要を感じている

「単圏銘帯鏡（たんけんめいたいきょう）」と名づけられた古鏡が、東京国立博物館に保管されている。出土地ははっきりしていないが、前漢時代（西暦八年以前）につくられたといわれるものだ。直径わずか五センチのその鏡の表面には、八つの渦巻文の間に、次のような八個の文字が刻まれている（図6）。

これらの文字を、従来の権威者と呼ばれる人たちは、次のように読んできた。

見　日　之　光　天　下　大　明

しかし、これが明治以来の帝国大学の指導的な教授たちの説でなければ、いったい誰がこのような読み方を納得できるだろうか、と私はつくづく疑問に思った。

私にはこれら八つの「漢字」のうち、二番目の文字が「日」と読めるだけであとはまったく読めない。その他の七つの文字が、なぜそのように読めるのか、さっぱり根拠がわからないか

〝いわゆる日光鏡〟を代表する「単圏銘帯鏡」／神代文字のひとつ、出雲文字で「日継を与へむ」と読める

図６　単圏銘帯鏡の模写『カラ族の文字でめざせ！　世紀の大発見』79頁参照

らである。

読者ははたして、これらの文字を「見日之光……」のように読めたであろうか。

私は自分なりに、唐代から漢代にさかのぼって、漢字の書体の移り変わりをていねいに調べてみた。が、残念ながら銘文の文字に対応する漢字は一字も見つけだすことができなかった。

私は、日本の古鏡の権威と呼ばれる人たちが、これらの文字を「見日之光……」と読んだのは、何かの間違いではないかと思った。この読み方がおかしいことは、すでに古鏡研究の第一人者である樋口隆康教授も気づいておられたとみえ、氏の『古鏡』（新潮社刊）のなかでは、「い、わ、ゆ、る、日光鏡」という紹介の仕方をとって、それが教授自身の解読結果ではないことを示唆しておられるのである。

## イヅモ文字で読めた古鏡の銘文が表わす〝王〟

そこで私は、もしかしたら、この鏡の銘文もまた、神代文字で読めるのではないかと考えた。その根拠は、さきほど見た銘文中の二番目の文字が、漢字の「日」として読めるだけでなく、日本のイヅモ文字でも「ヒ」と読めるからである。読者も、このことを文字表で確認してみてほしい。

もしも、この文字がイヅモ文字の「ヒ」であるなら、次に記された文字もまた、イヅモ文字の「ツ」が横向きの草書体として書かれた文字と考えられ、ツと読める。しかもその次の文字にいたっては、イヅモ文字の「キ」とまったく同じであり、キと読む以外にない。三字を続けて読めば、「ヒツキ」となる。

どうやらこの鏡の銘文は、日本のイヅモ文字で書かれたものであるらしい。そのように考えて、さらに次の文字を調べてみると、イヅモ文字の「ヲ」が裏返しに変形したものでヲと読める。その次の文字も、やはりイヅモ文字の「ア」に近い形をしていてアと読める。

残る三つの文字はというと、イヅモ文字でそれらに該当する文字が見当たらないので、樹之本古墳から出土した鏡の銘文と同じように、トヨクニ文字が混用されたとみなして、トヨクニ文字で読んでみることにした。

するとどうだろう。六番目の文字はトヨクニ古体の「タ」が丸味をおびたものでタと読めるではないか。七番目の文字はトヨクニ新体の「ヘ」とまったく同じで、へと読める。最後の文字は、トヨクニ古体の「ム」の底部が欠けた形と考えられ、ムと読める。

以上を整理してみると、この鏡には次のような銘文が刻まれていることになる。

ヒツキヲアタヘム

文中の「ヒツキ」は、伊勢神宮に納められた源頼朝の奉納文に見える「ヒツキミコト」(日継尊)の〝日継〟と同じで、古代人の日月(ひつき)信仰に根ざした王位・王権を表わしている。したがって、

日継を与へむ(えん)

という文字がこの鏡に記されていることは、この鏡が、古代の日本を治めた大王によって、各地の諸侯の支配権を保証するものとして与えられた、ということを意味しているのである。

## 古代文字文化圏との遭遇——広がる〝日本〟世界

さて、「ニニギキを称えまつる」や「日継を与えん」のような私の解読結果を従来の読み方と比べてみて、読者はどのように思われただろうか。

日本の古代文字は、今の仮名の書き方と違って文字そのものの向きがかなり自由だったとみえ、書きつける対象の形や意図に応じて文字の向きが変わるだけでなく、字体も多少変化することがある。

そのため、漢字の草書体を復元するときほど困難だというわけではないが、元の文字を読み取るにはかなりの経験が必要とされる。

したがって、古代文字を解読した経験のない人は、私の読み方に多少の不安を感じられたかもしれない。が、ともかくも、私の読み方には一定の根拠があるのに対し、日本の古代文字を否定してきた戦前の権威者の読み方には、なんの根拠もないことだけはおわかりいただけたことと思う。

これまで古鏡の多くは、漢の工人がつくった「異体漢字銘」をもつ鏡とみなされてきた。だがそれは、中国のものであればなんでもありがたがった昔の人間の、恐ろしく権威主義的な誤

韓国や中国から出土した異体文字鏡と平壌郊外岩壁古字（「エセルハドン」と読める〈245ページ参照〉）

った見方でしかなかった。

実際に鏡の銘文を漢字の呪縛から離れてよくよく調べてみると、さきの鏡をつくったのは弥生時代以前の私たちの祖先であり、その銘文は、当時使われていたイヅモ文字やトヨクニ文字などの神代文字で、古代の日本語を記したものだったのだ。

このようなことが今まで明らかにならなかったのは、考えてみれば実に奇妙なことだ。が、逆にいえば、過去の日本人がそれだけドップリと中華思想の影響下に置かれてきたことを示しているのだ。日本固有の文字文化が、漢字文化のためについ最近まで、ほとんど根こそぎ抹殺されてきたことを意味している。

そんな事情があって、この鏡と同じ「いわゆる日光鏡」が日本からだけでなく、韓国（慶尚北道）や中国（遼寧・陝西・河南・江蘇・浙江・湖南・四川・雲南省）からも出土することを知ると、私たちは弥生時代以前の日本人が、かくも広い地域にまたがって活躍したはずはない、紀元前の日本がそれほどまでに大きな国だったはずはない、と思いがちである。

しかし、私はすでに韓国や中国から出土した異体文字鏡の銘文が、ここまで述べてきた古鏡と同じように日本の古代文字で書かれ、古代の日本語で意味をなすことを突きとめている。古代の日本人が今の日本列島内にとどまらず、朝鮮半島や中国大陸でも活躍していた証拠が次々と明らかになろうとしている。

我々の祖先は、漢字文化によって日本固有の文字文化を消される前まで、アジア大陸の広い地域で活躍していたのだ——東京国立博物館の異体文字鏡は、その可能性が非常に大きいことを物語っている。

私たちは、漢字文化によって消されてしまった祖先の足跡を求めて過去へとさかのぼるにつれ、ますます大きな広がりをもった日本の古代文字文化圏に遭遇するからである。

## 神代文字は「甲骨文字」成立の時点までさかのぼる！

日本の古代文字が、失われた過去の時代にどれだけの広がりをもって使われていたか、また、イヅモ文字やトヨクニ文字、アヒルクサ文字などがどれほど古いもので、その起源はいつ頃までさかのぼるのか、といったことは、今ようやく明らかになり始めたところである。

この問題を突きつめて考えていくと、それは日本語の起源や日本人の起源、日本国家の起源と深くかかわっていて、これまでの常識や学問のあり方を根本から見直さなければならなくなる。

たとえば、アヒルクサ文字はこれまで、〝学者間で嫌悪されてきた神代文字〟の一つであり、江戸時代の末期に一部の狂信的な人たちが尊皇攘夷の国粋主義を鼓舞するためにでっちあげた文字とみなされ、長期にわたって無視され続けてきたといういきさつがある。

前述したように、山田孝雄博士は伊勢神宮の奉納文に記されたアヒルクサ文字を比較的新しい時代につくられた文字とみなし、これを本物の古代文字として研究しようとはしなかった。

しかし私は、このアヒルクサ文字を今から三千数百年前までさかのぼるといわれている中国の甲骨文字と比べて、両者のつながりを調べた結果、日本のアヒルクサ文字は殷の甲骨文字の草書体である、という結論に達した。

そんなバカな！　と思われる方は、次に示した「日本」のアヒルクサ文字と「中国」の甲骨文字との対応をじっくりと見比べてほしい（図7）。アヒルクサ文字のヒ・フ・ミは、のちの時代に「火・父・巳」という漢字のもとになった甲骨文字とそっくりではないか。

私は、ヒフミヨ以下四十七のアヒルクサ文字を殷の甲骨文字と比較した結果、三つほど対応関係がはっきりしない文字を除けば、それ以外の四十四のアヒルクサ文字が甲骨文字と非常によく似ていることを発見し、我ながら驚いた。

いや、似ているというより、アヒルクサ文字は甲骨文字の草書体である、といってよいほど一致しているのである。

細部の違いは、甲骨文字が牛骨や亀の甲羅に刻まれたために直線的になっていたり、断片的な出土状態のために前後左右がハッキリしないことによって生じた見かけ上の違いとしか考えられない。

もしも古代の日本人が、アヒルクサ文字を甲骨の表面に刻んだとすれば、その形態はご覧のように角ばった直線的な形にしかならなかったのではないか。

私はこのようなことから、殷の甲骨文字と日本のアヒルクサ文字は、本来まったく同じもの

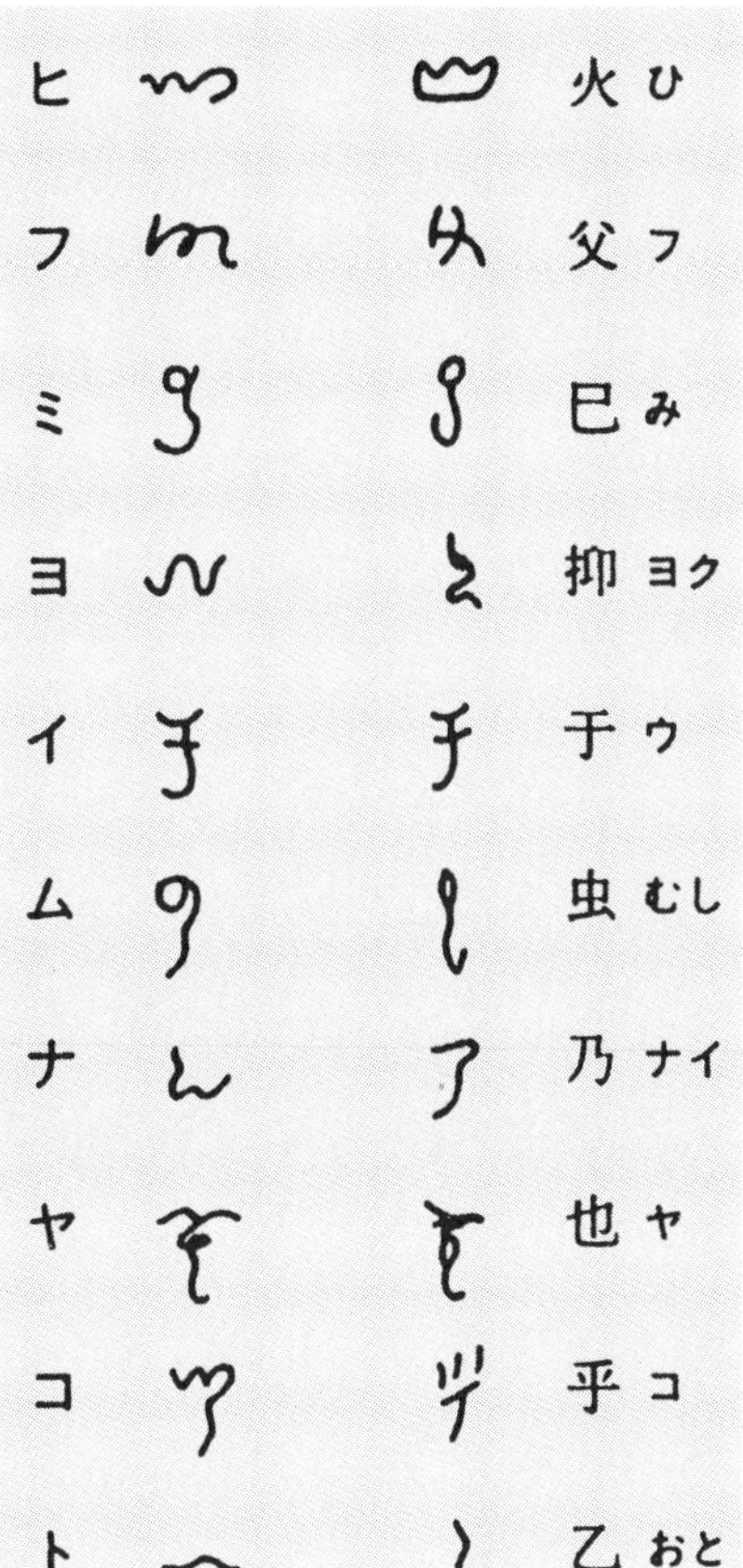


図7　アヒルクサ文字（左）と甲骨文字（右）との対応

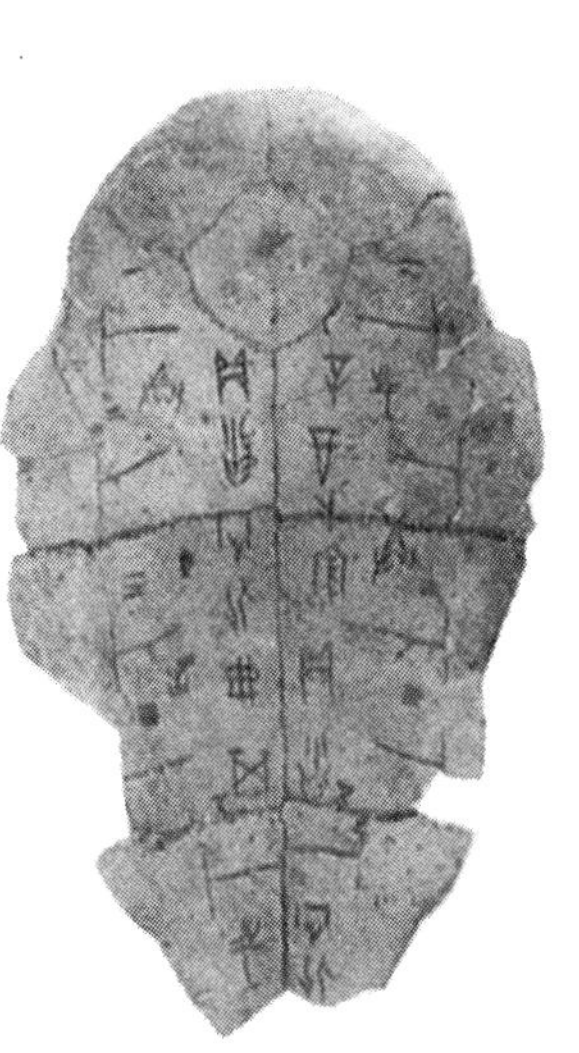

甲骨文字

だった、と考えた。

さらに、アヒルクサ文字は、殷代よりだいぶあとになってからつくられたのではないか、とも考えてみたが、これは甲骨文字が一八九九（明治三十二）年に中国で発見されるまで長い間その存在が忘れられてきたことや、甲骨文字の発見以前にすでにアヒルクサ文字の存在が平田篤胤の『神字日文伝』に記されていることを考えれば、ありそうにも思われない。

しかも最近になって、日本の縄文遺跡から甲骨文字とみられる文字を刻んだ遺物が次々に見つかり始めていることを考えると、日本におけるアヒルクサ文字の歴史もまた、少なくとも縄文時代までさかのぼることが、ほぼ確実だといえる状況になってきている。

だが、そうなると逆の疑問も出る。ここ日本でさえ突然に消え失せたように、神代文字の記された遺物や碑文が少ないのはなぜだろうか。そしてなぜ、世界に広がっていた神代文字がこれまでまったく注目されなかったのか。

その答えは一つ。歴史に陰謀が働いたのである。神代文字を消そうとする〝闇の封印〟があるときに仕掛けられたのだ。次章ではそれを追ってみよう。

# 第3章

# 古代日本は中国に占領された

## ——漢字文化に抹殺された真実

## 神代文字を抹殺した恐るべき〝黒い勢力〟がある

奈良時代以前の日本に文字があったことは、文献にもはっきり書かれているし、遺物にもはっきり刻まれている。したがって、文献と遺物の両方から、日本に古代文字があったことはすでに立証済みである。

にもかかわらず、そのことがこれまで周知の事実とならなかったのはなぜだろうか。古代史の権威が口をそろえて神代文字を否定したり、日本の古代文字を無視してきたのはいったいなぜなのか。

ここには私たち日本人のすべてが、いまだにその真相をつかんでいない歴史上の大きなトリックがあるように思われる。これまでの権威すらものみこんでしまう歴史上のブラック・ホールのようなもの、つまり私が先に〝漢字の呪縛〟と名づけた、私たちの目には見えない巨大な意志が存在し、この恐るべき力が日本の古代文字資料を抹殺して奈良時代以前の歴史を封印してきた背景があるように思われるのだ。

その恐るべき力の正体とは何か。

私たち日本人の奈良時代以前の歴史に、誰が考えても異常としか思えない巨大な空白をもたらした力の実体とは何か。日本古来の文字で書かれた文献を奪い取った、途方もない勢力とはいったいなんだったのだろうか。

私には、その力の実体がどんなものであったのか、今のところすべてを正確に述べることはできない。が、一つだけはっきりしていることは、その勢力が今から千三百七十年ほど前の大化改新（六四五年）と白村江の戦い（六六三年）の時代に、日本海周辺のほぼ全域に台頭し、それまでの日本にあった固有の文字と文化、王家と有力氏族の記憶をほとんど消し去ってしまった、という点である。

私たちはこれまでの教育のなかで、日本は滅亡に瀕した百済の請いを受けて唐・新羅の連合軍と白村江で戦い、手痛い敗北を喫したあとは〝連合軍〟の侵攻を恐れて都を近江に遷したとしか教わっていない。いわんやその戦いに敗れたときに、そのまま日本が唐の軍隊に占領されたこと、そして、この時代以後につくられた日本の都城や古墳の設計単位が、それまでの高麗尺（唐によって滅ぼされた高句麗の尺度）から、唐尺に全面的に改めさせられたことなどは一度も教わっていない。

したがって、この時期に中国東北部と朝鮮半島、日本を占領した中国の軍隊が、この地域に伝わる固有の文字資料をことごとく抹殺し、漢字で書かれたもの以外は絶対に後世に伝えないようにした、などということは考えたことすらなかったはずである。

## 中国の日本占領〝ＧＨＱ〟は太宰府に置かれていた

けれども、古代の日本が六六三年の白村江の戦いに敗れたあと、中国の占領支配を受けたことは、『日本書紀』の天智天皇の条のなかにそれとなく記されている。

すなわち、天智四（六六五）年の記事では、この年、日本へやってきた唐の使節団の人数が二百五十四人であったのが、同八年と九年には二千人にふくれあがっている。天智八年十二月の条にはこうある。

……大唐、郭務悰等二千餘人を遣して来らしむ。……

敗戦後の日本へ二千人という大量の使者が続々とやってきたのは異常といわなければならない。このことは、唐の使者がただの使者ではなく、占領軍司令部の要員であったことを暗示しているのだ。

また、天智六（六六七）年の記事によれば、この年には、すでに九州の太宰府が「筑紫都督府」という呼び名に変わっているが、この〝都督府〟という表現は、唐の軍隊が高麗と百済の都をそれぞれ占領したときに「平壌都督府」「熊津都督府」と称した例をみてもわかるように、唐の占領軍司令部が置かれた外国の都をさしている。したがって、九州の太宰府が六六七年以降、中国による日本占領支配の拠点となっていたことは明らかである。

いってみれば太宰府が、第二次大戦後に皇居前の第一生命ビルに置かれたマッカーサーの占領軍司令部（ＧＨＱ）と同じようになっていたのである。そして、戦後の日本が英語使用を強要されたのと同じく、いやそれ以上に、白村江の敗戦後の日本は、全面的な漢字使用を強制されたのだ。

太宰府政庁跡——古代日本を席巻した〝黒い勢力〟の占領軍司令部だったのか⁉

天智天皇はこの年の春、近江京に遷都し「漢字使用令」を出した。こうした近江京の文化が漢字文化そのものであったこと、そして、天智天皇と天武天皇に代表される勢力が六七二年の壬申の乱で激しい死闘を演じたことなどは、これまで、この時期の中国による日本占領支配とのかかわりのなかで論じられたことはなかった。

この問題については、ごく少数の学者が天智天皇は百済系で天武天皇は新羅系または高句麗系であったということを述べる程度にとどまり、白村江の敗戦以後、日本と朝鮮、中国東北部にまたがるかつての高句麗王国が解体したことや、その後、壬申の乱を機に高句麗の旧領に渤海・新羅・日本の三国が、唐の承認を必要とするかたちで成立したことなどは論じられていない。

しかし、この時期の唐帝国の周辺を見渡せばわかることだが、この頃からインドと日本を結ぶ南海ルートの影が薄くなっていく。つまり、私流にいえば、インド以東のアジアには漢字以外の文字文化が、それ以前にはなかったような印象が強くなる。

七世紀の初めに隋の煬帝が率いる百万の大軍と戦ってこれを退け、ついに隋を滅ぼす糸口をつくった高句麗は、六六八年に唐によって滅ぼされるまで、七百年以上もの歴史を誇っていた古い国であるが、このような国にさえ固有の文字で書かれた記録はなかったことになっている。

秦・漢帝国以来の中国諸王朝が、周辺諸国にみずからの漢字文化を押しつけ、中国の宗主権を認めない国を侵略して、その国の文字文化を破壊したことは、中国の史書に王家の記録を没収した記事がたびたび登場することをみても確かだ。

このような中国の支配者による歴史抹殺の手口、すなわち漢字以外の文字で書かれた他民族の記録を抹殺し、そのことによって他民族を中華帝国に従属させていくやり方の最も顕著な例が、秦の始皇帝（しこうてい）による焚書坑儒（ふんしょこうじゅ）だ。

中国における漢字の成り立ちを調べてみても、漢字のなかには、それ以前に大陸の各地で使われていた日本の古代文字を並べ替え、それによって元の意味を消し去る手法で新たにつくられた例がいくつかあることが確認できる。

## 〝日本解体〟を目にした天武天皇の憤慨

これまで日本人は、中国の漢字文化を受け入れることによって、原始の日本が開明化したかのように教えこまれてきた。が、それははたして本当だろうか。実際は逆ではなかったか。

中国の日本占領支配の実態は、目にあまるものがあったように思われる。壬申の乱に勝利して、中国の日本占領支配にいちおうの終止符を打った天武天皇も、国内の中国人に対し、憤慨してこう述べている（『日本書紀』天武六〈六七七〉年の条）。

「汝（なんじ）らのやからは、もとより七つのあしきことを犯せり、……常に汝らは謀（はか）りごとをもって事（わざ）となす」

つまり、中国人がいつも陰謀を企て、国家の解体をはかってきたことを天武天皇は糾弾（きゅうだん）しているのである。こうしたことはおよそ、戦争に敗れた国が占領軍に対して種々感ずることであろう。通常の日本人が、史上初の被占領体験と考えている第二次大戦後の約十年間にも、同様のことをアメリカに対して抱いたと聞く。

いや、それ以上のものだったろう。被占領時にその国の歴史に根ざす貴重な遺産ともいえる言葉や文字を剝奪（はくだつ）された例はたくさんあるし、戦勝国の文字を押しつけられた国は古今東西を問わず多くの実例で確かめることができる。

しかし、である。まさか私たちの国にもこのような屈辱的な歴史があったとは、読者は夢にも思わなかったであろう。そう、日本は白村江の戦いに敗れて中国に占領され、漢字使用を押しつけられるなかで神代文字を喪失したのだ。

## 稗田阿礼は神代文字の〝通訳〟だった

天武天皇は、二度目の被占領時の首相・吉田茂にたとえられるかもしれない。完全な再独立こそできなかったにしても、主権の回復はなしえたことと思われる。その一端が『古事記』の成立である。また、天武の即位後しばらくして「筑紫都督府」の呼称も消えている。

ちなみに、さきにもふれた壬申の乱だが、通常、天智と天武は兄弟であり、この内乱は皇位継承をめぐって天智の子・大友皇子との間で戦われたとされている。

しかし、そうした考えからは天智と天武の政策の違いがまったく説明できない。そこに〝歴

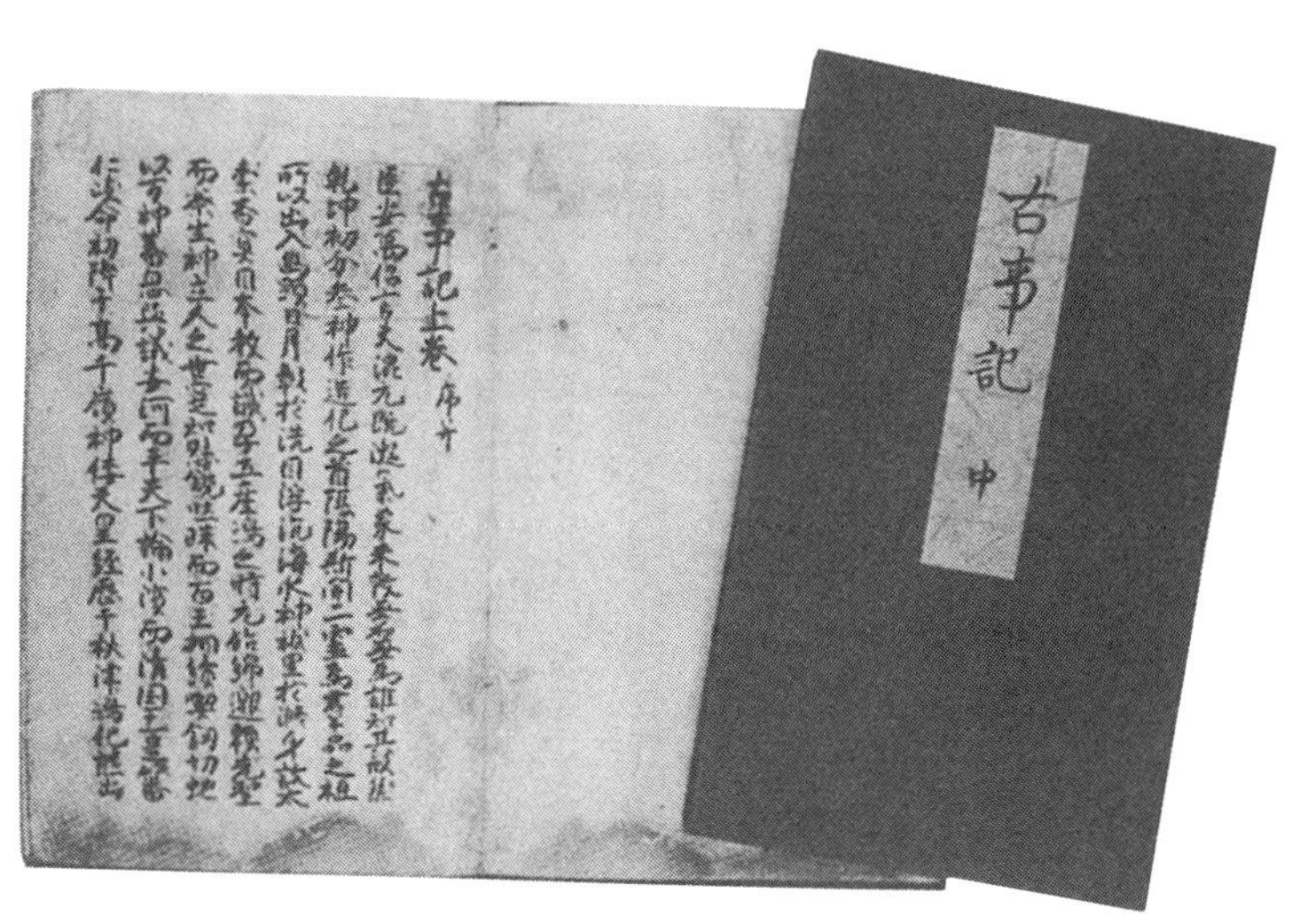


真福寺本『古事記』

『日本書紀』の一節

太安万侶の墓誌

「ヒエタノアレモコロサレキ」の碑文（96ページ参照）

史の闇の封印〟が介在していることは明らかだろう。

前述した系統の違いはその意味でも注目される。そして、これを詳述するには紙面に限りがあるため、ここでは皇室の菩提寺（京都の泉涌寺）に天武天皇の墓がないことだけをいっておこう。

さて、稗田阿礼が〝誦み〟、それを太安万侶が漢字で書きとめてつくられたといわれる『古事記』だが、私はなんらかの圧力（たとえばそれ以前にあった日本の古代文字の記録を漢字に改めるようかかった圧力）と、日本の解体を憂慮した天武天皇の意思とが相乗されて撰録されたと考えている。

その証拠に、『古事記』には、稗田阿礼が神代文字で書かれた記録を〝読んだ〟ものを、安万侶が漢字に改めていったという意味合いのことがはっきり書かれている。たとえば、安万侶自身が『古事記』序文でこう述べている。

> そこで天皇（天武天皇のこと）は阿礼に命じて、帝皇の日継及び先代旧辞を誦み習わせたり……。
>
> ここに天皇（持統天皇のこと）は、帝紀及び旧辞の違いを正そうとして、臣、安万侶に命じて、阿礼が誦むところの先帝（天武天皇）の御命令になられた旧辞の類を撰録して差し出すようにと仰せられた……。

つまり、安万侶は「阿礼が誦む（＝読む）ところの帝紀・旧辞」を手がかりとして、『古事記』を編纂（へんさん）したのである。もし帝紀や旧辞が漢字で書かれたものであるなら、漢文の達人だった安万侶がそれを自分で読めば済むことで、わざわざ阿礼の口を借りる必要はないはずだ。

これはどういうことを意味するのか。そうだ、『古事記』のもとになった『帝紀』や『旧辞』（注12）は、阿礼には読めても安万侶には読めない文字、つまり日本の古代文字で書かれていたのだ。そして、阿礼は神代文字で書かれた記録と漢文の橋渡し役、いわば通訳として安万侶のために働いた、ということではないか。

記憶力バツグンといわれた阿礼は、「読み習ったもの」を記憶した。しかしそれは、神代文字で書かれていたものを読んで、それを記憶にとどめたということなのだ。

正史編纂という国家の重大事業にあたって、おそらく阿礼は、神代文字で書かれた『帝紀』や『旧辞』を暗誦するくらい念入りに読み、それをていねいに安万侶に読んで聞かせたものと思われる。

## ヒエタノアレモコロサレキ――知りすぎた男の悲劇

こうして日本人は、八世紀の初めに『古事記』と『日本書紀』というかたちで、漢字に置き替えられた日本の歴史書をもったが、そのもとになった『帝紀』や『旧辞』などの書物、あるいは日本に古くから伝わる固有の文字で書かれた由緒正しい歴史の記録を失うことによって、本来の日本人がもっていた自由な精神や創造的な見方さえも失ってしまったのではないか。

注12：聖徳太子（574～622）が編纂したとされる『天皇記』や『国記』などに関連する名のみ残る史書。『旧辞』は『先代旧事本紀』（せんだいくじほんぎ）ともされる。

私がこのことを痛感するのは、ほかでもない。宮崎県の高千穂（たかちほ）で見つかったという碑文（郷土誌『すみのえ』一〇四号所収）を私なりに解読した結果、そこに以下のような恐るべき一文が刻まれていたことを確認したからである。

「ヒエタノアレモコロサレキ」（稗田阿礼も殺されき）

この短いが驚くべき一文について、説明は要すまい。稗田阿礼は『古事記』の完成した七一二年以後のある日、突然、何者かの手によって暗殺されたことを、この高千穂碑文は物語っているのである。

もしこのことが事実であるとしたら、彼の死は、日本の古代文字資料に記されていた真実の歴史が、闇の力によって葬られたことを意味するのである。

そして、このことはまた、そのような力がつい最近まで、すべての日本人の無意識に働きかけ、私たちの歴史解明の努力を歪（ゆが）めてきたことをも意味している。

『古事記』と『日本書紀』が日本の古代文字で書かれず、漢字を使って書かれた背景には何があったのか。日本人の言葉と歴史が漢字に置き替えられたとき、そこにはどんなトリックが用意されていたのか。稗田阿礼は、その秘密をあまりにも知りすぎたために消されてしまったのではないだろうか。

おそらく阿礼と同じ運命にあった者は一人や二人ではなかったろう。「稗田阿礼も……」という記述からそれを察することができる。

## ベールに覆われた日本人の祖先の歴史

私は漢字以前の日本の古代文字の存在について検証してきた。

日本には漢字以前に文字がなかった、という定説がなぜつくられてきたのだろうか。それは、この高千穂碑文の解読の結果、「稗田阿礼も殺されき」という言葉によっても推測されるように、意図的に日本の過去の歴史が消されていった事実を示しているのだ。

時の権力者、この場合は中国（唐）の日本占領軍の指令によって、日本古来の文字を使うことが禁止され、占領国の文字（漢字）を使用することが強制されたのである。

とはいうものの日本は古い国である。古代の「残存遺物」は多く残されているし、「古史古伝」と呼ばれる「記紀以前の書」にも伝えられている。

これらの文書は、もちろん日本の古代文字で書かれていたに違いないが、古代文字の使用が禁止されたあとは、漢字を当てはめて書き写され、伝えられてきた。

古史古伝が偽作、偽書とされる理由は、その内容が記紀と異なる部分が多いことにある。しかし記紀の記述が一〇〇パーセント正しいという証明はなされていない。『魏志倭人伝』に記述されている邪馬台国や、その女王の卑弥呼について、記紀は一言もふれていないではないか。逆にいえば、『魏志倭人伝』を中心にみるなら、記紀こそ偽作、あるいは偽書だという疑いすら出てくる。

まして、古史古伝には、ほぼ共通したテーマ、あるいは目的のようなものがある。それは、そのほとんどが古代の権力闘争に敗れた側の豪族の家系に伝わった文書というかたちをとっていることである。戦争に勝利した新しい権力にとっては、これらの敗北者の過去の歴史は抹殺の対象になるべきものであったに違いない。だからこそ、文書を保存しようとする敗者の側は、さまざまなカムフラージュを施すことになる。

したがって、後世の私たちが読むと、難解で奇想天外な話として映り、それが歴史的事実だということがわからなくなってしまいそうである。

しかし、それは史実を史実でないようなものに変えて伝えたために、そうなってしまった、と受けとめるのが正しい見方であろう。

だとすれば、古史古伝を読む場合は、意図的になされたカムフラージュのベールを一枚一枚たんねんにはがしていけばよいわけである。するとそこには、消されたはずの私たちの祖先の歴史が、白日のもとに浮かび上がってくるに違いない。

## 〝闇の封印〟の外にある『契丹古伝』の発見

このような視点に立って、読者とともに古史古伝を読みながら本書を進めていこうと思うのだが、まず最初にあげられるものは『契丹古伝（きったんこでん）』であろう。

『契丹古伝』は九四二年に編纂された遼（りょう）（契丹）王家の史書である。遼は、文献史上では五世

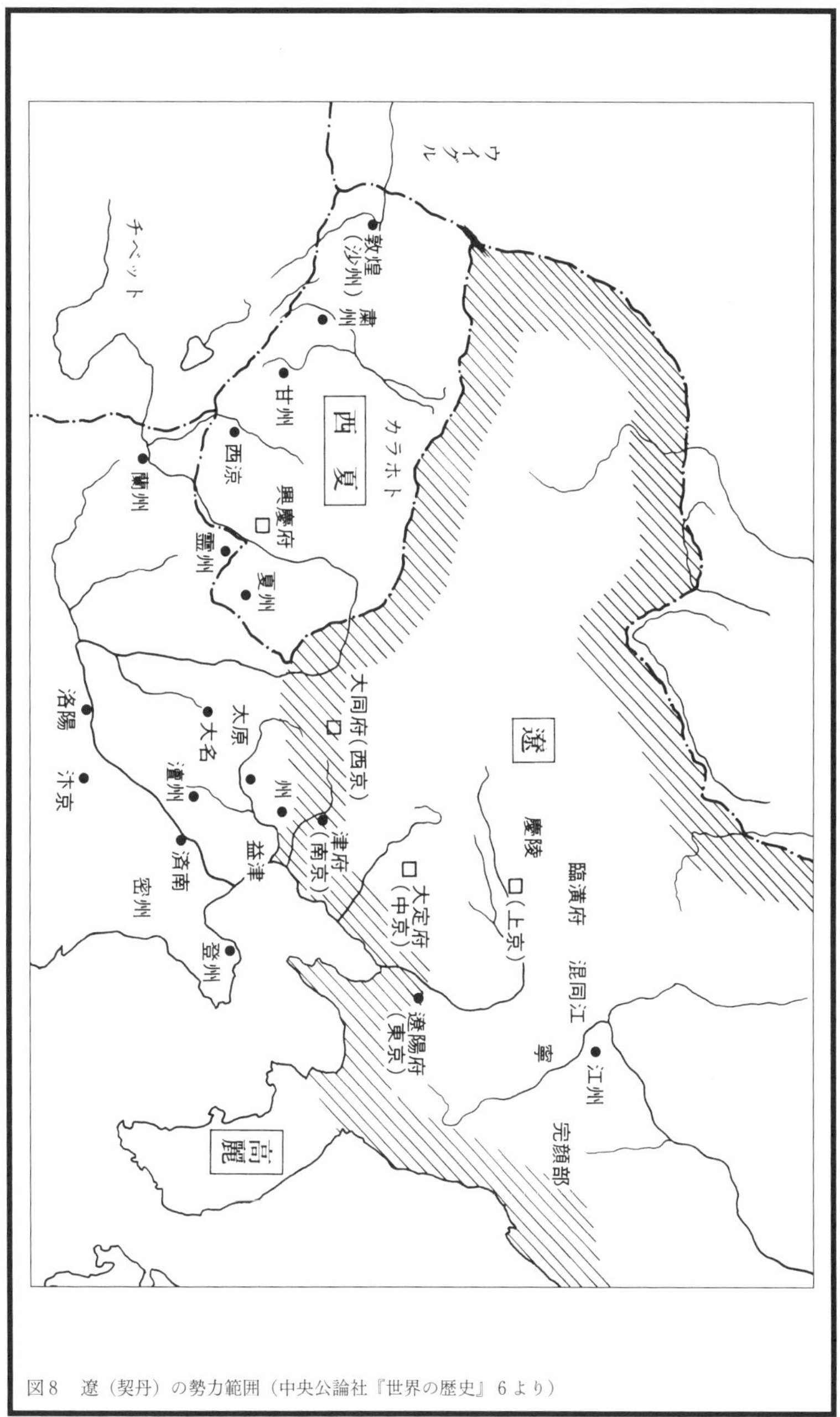


図８　遼（契丹）の勢力範囲（中央公論社『世界の歴史』６より）

紀に内モンゴルのシラムレン河流域に現われた遊牧狩猟民族・契丹（キタイ）が十世紀に打ち立てた王朝で、モンゴルから中国東北地方と華北の一部にまたがる地域を支配していた。宋から燕雲十六州を奪うなど、いわば中国（漢人〈漢民族〉）と対抗していたといっていい。しかも『契丹古伝』は一九〇五年に現在の中国・吉林省で発見されるまで長い間王家の人々によって守られてきたため、漢民族の〝闇の封印〟にあっていない。

そしてこの、『契丹古伝』の編纂目的は、建国まもない遼（九一六～一一二五）の王家がみずからの歴史的背景と正統性を明らかにしながら、漢民族の中原支配に抵抗する周辺民族の団結をリードし、鼓舞するところにあった。

が、同書は結果的に、私たち日本人が今となっては入手できなくなった『秘府録』（後述）をはじめとする八世紀以前の古代史料を駆使することによって、記紀や他の古史古伝から洩れてしまった渤海滅亡以前の高句麗・日本の太古史を明らかにする数少ない貴重な史料となったのである。これは、同書の編纂に携わった契丹の史官・耶律羽之の歴史家としての資質が優れていたこと、すなわち憶説に頼らず「史料に語らせる」という客観的で実証的な叙述方法の賜物である。

『契丹古伝』は『秘府録』その他の史料を忠実に引用することによって、私たちがもはや知る機会のなくなった太古日本の歴史の真相を間接的に物語ることになった。

さらにこの書物は、契丹王家の源流を明らかにする試みを通して、アジア全土にかつて栄えた高句麗・日本の王家の失われた歴史をよみがえらせ、今は亡き契丹人の祖先とともに私たち日本人の祖先が西方からの侵略者と勇敢に戦ったことや、漢帝国の成立以前に彼らが世界各地で活躍したことを伝えてくれるのである。

## 紀元前の日本史と世界史の虚構が暴かれる！

さて、『契丹古伝』が私たちに垣間見せてくれる太古日本の歴史は、その内容があまりにも通説とかけ離れているため、これまで欧米や中国の学者たちが流布してきた世界史の常識に従えば、まったくの空想としか思えない。

が、『契丹古伝』によれば、私たち日本人と契丹人の共通の祖先である「東大神族」（『契丹古伝』では「東大古族」とも記される）の歴史は、過去三千年にわたってエジプト、シュメール、インダス、黄河の地を次々に侵略してきたアッシリヤ人、つまり中国で漢人として知られる欧米の支配階級アーリヤ人の手で抹殺され、改竄されてきたという。

つまり、私たちがこれまで教わってきた紀元前の日本と世界の歴史、特に秦・漢帝国、ローマ帝国以前にカラ族＝東大神族が地球の各地で都市文明を興した史実を抹殺した世界史はことごとく虚構である、というのが『契丹古伝』全体を貫く基本テーマとなっている。

私たちの祖先の真実の歴史、カラ族（クル族）と呼ばれてきた東大神族がかつて地球のすみずみに築き上げてきた輝かしいムー文明（太古日本の宇宙文明）の歴史は、アトランティス人

（漢人／アーリヤ人／アッシリヤ人）の手で巧妙に流布されてきた歴史の通説にひそむ大ウソを暴かない限り明らかにすることはできない、と同書は訴えているのである。

## 「漢字の発明者・蒼頡」の碑文がいまだに解けない漢字国・中国の謎

たとえば『契丹古伝』は、紀元前の中国大陸の主人公はあとからやってきた漢民族ではなく、もともとそこに住んでいた日本人の祖先だった、と記す。

そこで、これから述べることは拙著『超古代世界王朝の謎』（日本文芸社刊）のなかですでに紹介したことだが、きわめて重大なことなので再び取り上げながら、目を中国自体に向けてみよう。

中国の歴史の記録は、前漢の武帝が司馬遷に命じて編纂した『史記』に始まる。この『史記』の記録に基づいて、これまで紀元前の中国には、夏とか殷、周（西周）という王朝があったとされ、やがて秦という強大な王朝が台頭して中国全土を統一した、ということになっている。秦による中国の統一以前の歴史は、一般には次のようにいわれている。

すなわち、紀元前七七〇年頃から東周の時代が始まり、諸侯の一つであった大国の晋が紀元前四〇三年頃に分裂したあと、戦国時代になった。そして紀元前五世紀に始まる戦国時代から、斉・晋・楚などの覇王の戦いが激しくなっていった。そして、戦国諸国を統一したのが秦の始皇帝である、と。

| ワ行 | ラ行 | ヤ行 | マ行 | ハ行 | ナ行 | タ行 | サ行 | カ行 | ア行 | |
|---|---|---|---|---|---|---|---|---|---|---|
| | | | | | | | | | | 父／母 |
| | | | | | | | | | | |
| | | | | | | | | | | |
| | | | | | | | | | | |
| | | | | | | | | | | |

図9　北海道異体文字（アイヌ文字）50音表
『カラ族の文字でめざせ！　世紀の大発見』57頁参照

諸家古法帖五　蒼頡書

蒼頡碑文

碑林のある中国・西安市の風景

『カラ族の文字でめざせ！　世紀の大発見』155頁参照

しかし、このように教えられてきた中国の歴史がはたして真実だったのかどうか、日本の場合と同様、考え直してみる必要がありそうだ。

その好例として、中国の西安（せいあん）郊外に碑林（碑文の林）というところがある。その碑林に、漢字の発明者といわれる蒼頡という人物が残した碑文がある。

漢字を発明したのが本当に中国人であるとしたら、この蒼頡碑文はとっくに中国の学者が読み解いていていいはずだが、いまだに中国では謎の碑文として、未解読のままなのである。

しかし、そこに書かれている文字は、103ページをご覧になればわかるとおり、日本に伝わっている北海道異体文字（アイヌ文字）とそっくりである。また一部、トヨクニ文字に似ているものもある。そこで、この蒼頡碑文を、日本の北海道異体文字とトヨクニ文字の混用文として読んでみるとどうだろう。

死後に富むを得
幸い　子々孫々まで
満たしめよ
とくれぐれ言はれけむこと
たみたみ慎（つつし）み思ふ

ここには、古代の日本語として意味をなす、すばらしい文が刻まれているのである。そこで疑問となるのは、なぜ古代の中国に日本の神代文字で書かれた碑文があるのか、ということだ。

これは大問題である。もしかしたら漢字の発明者と伝えられる蒼頡という人物は、中国人ではなく、古代の日本人ではなかったか。こんな途方もない想像さえ生まれてくる。

## 中国・戦国時代の斉は出雲の国のことだった!!

古代中国に日本人がいた⁉ しかもこの日本人は漢字の発明者らしい。

私は不思議に思って、改めて日本神話と斉の国の神話を読み直してみることにした。

するとどうだろう、これまで誰も考えつかなかったような、もっとすごいことがわかってきたのである。

それはプロローグにも記したが、日本神話と斉の国の記録のなかにみられる「国譲り」の話が驚くほどよく似ていることだ。かいつまんで話すと、こうなる。

斉の最後の王である王建（おうけん）は、秦の始皇帝に国譲りをしている。一方、出雲神話のなかにもオオクニヌシがニニギノミコトに国譲りをしたという話がある。

そこに登場するオオクニヌシの祖父はサシクニヲホといい、母はサシクニワカヒメという。

この二人の名前を北海道異体文字で表わしてみると、107ページ図10のようにそれぞれ、「敫（きょう）」「君王后（くんおうこう）」という字になる。

もうお気づきだろう。斉の最後の王、王建の祖父と母は、オオクニヌシの祖父および母と、ピッタリ一致してしまうのだ。

ということは、出雲神話のサシクニヲホとサシクニワカヒメが、それぞれ斉の国の敫と君王后という人物にすり替えられた、ということではないだろうか。

そう思って、ほかにもいろいろ調べているうちに、それを裏づける証拠が次々と出てきた。

まず、それぞれの国譲りをした場所と、そのあと移った場所について、さきほどのようにして調べてみると、これまたピッタリ一致することが判明した。すなわち、日本神話のイナサノヲバマが斉の「荊（けい）」に、タギシノヲバマが「松柏（しょうはく）」という字になるのである。

このことは何を意味しているのだろうか。これは、中国大陸を舞台とした出雲のかつての真実の歴史が、のちに漢字に書き改められ、中国の歴史にすり替えられてしまった、ということを意味していないか。

さらに、この頃（戦国時代）の貨幣を調べてみると、戦国諸国が現在の中国大陸にあったなら、当然、それぞれ独自の貨幣をもっていたはずなのに、どれも斉の貨幣と同じものを使用していたことが判明している。しかも奇妙なことに、その貨幣にはすべて、たとえば「アマフユキヌ」のように、当時の出雲の王の名が神代文字で刻まれているのだ。

この事実からも、戦国時代の斉の正体は、日本神話で今までその実在性が疑問視されてきた出雲の国だったことがよくわかるのである。が、決定的なのは次の事実だ。

出雲を神代文字で表わし、それを組み合わせてみると、なんと〝斉〟という字になる。これをみれば、中国の歴史がすり替えられたことは一目瞭然である。どうやら中国においても、

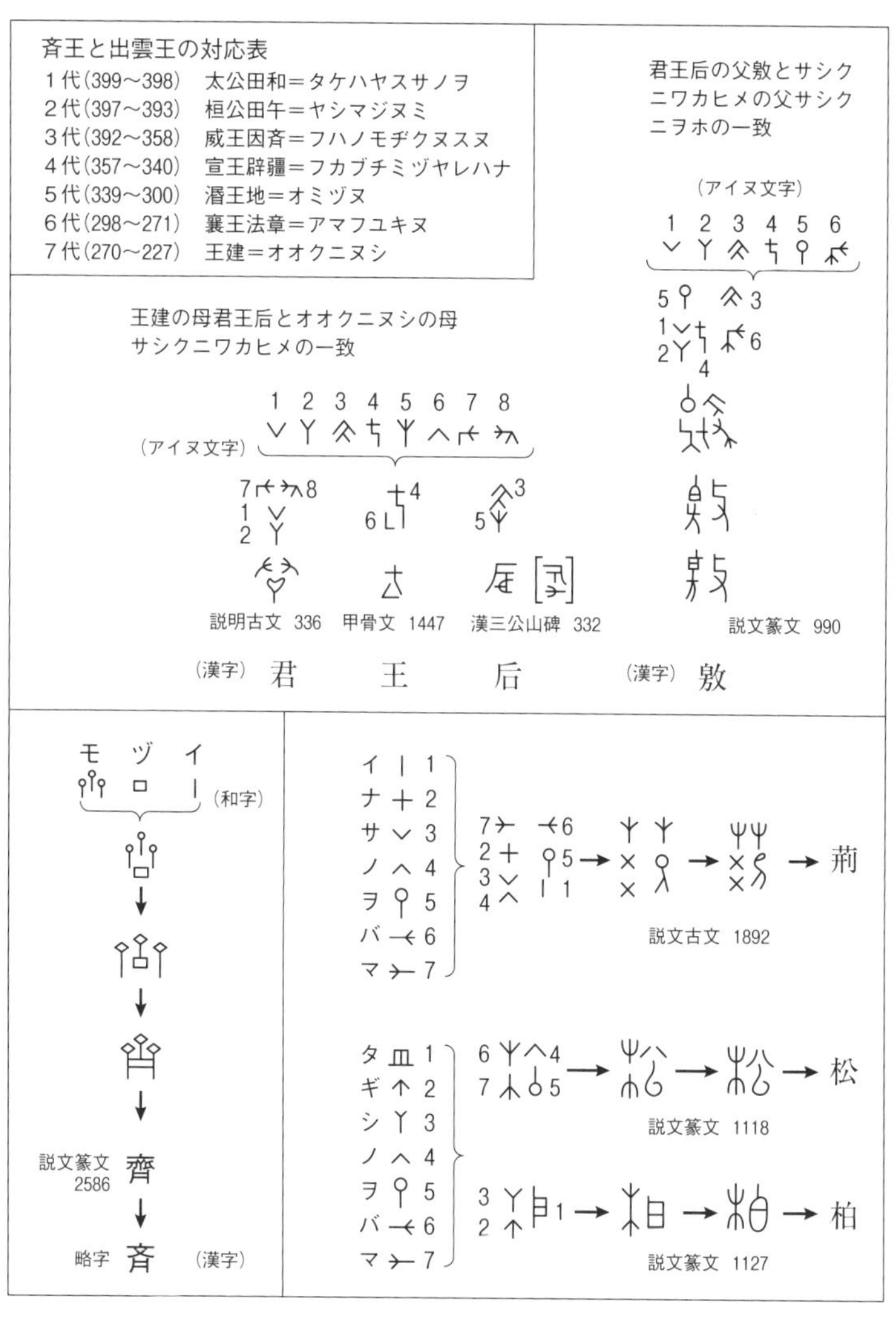

図10　戦国時代の斉が日本神話の出雲であった証拠（高橋良典作成）

『史記』以前の記録のすり替えが行なわれたことは間違いないようだ。

いってしまえば、漢の武帝が紀元前一〇八年頃、司馬遷に書かせた『史記』とは、とんでもないクワセモノということになる。

司馬遷は『史記』の執筆中、獄につながれていた。完成後には解放される約束であったにもかかわらず、まもなく殺されてしまった。

これはちょうど、『古事記』の編纂に携わった稗田阿礼が、やはり『古事記』完成後に殺されたという事情とよく似ている。両者は偶然の一致とは思えない。日本の太古史と中国の古い歴史を抹殺しようとした勢力が、それぞれの背後にあったことは間違いない。

## 紀元前の中国史を書き替えた〝西から来た人〟の正体は？

私はその正体を追ってみた。その結果私が得た結論は、さきの『契丹古伝』に記されたとおりだった。『契丹古伝』が語るところを引用してみよう。

その昔、地球は大異変に見舞われ、恐るべき洪水が発生して、海と陸の形はすっかり変わってしまった。

この異変で地軸が傾いた結果、大地は中国の北西部で縮んで盛り上がり（ヒマラヤの隆起）、南東部で引き裂かれて沈没した（フィリピン海溝の形成）……。

堯・舜の時代に地球の全土は戦火に包まれ、禹は洪水の後始末に追われた。

ところが、このような戦争と異変の混乱に乗じて、人身牛首の神を祀るもの、蛇身人首の鬼を祀るものが、西から東へ次々とやってきて、我らの地に住みついた……。

前述したように、『契丹古伝』はここで、紀元前の中国大陸のもともとの主人公は今の中国人ではなかった、と述べている。現在では漢民族が最初から中国五千年の歴史の主人公であったかのように説かれているが、それは事実ではないらしい。紀元前の中国の歴史は、西から来た人々によって書き替えられてしまった、というのである。

彼らはみずからを我ら東大古族の神の子孫と偽ったばかりでなく、伏犠や神農、黄帝、少昊なる人物を、我らの王の祖先に仕立てあげ、その系図に自分たちの祖先をつなげて、これら偽りの神と王に対する崇拝を我らに強制して、みずからを聖帝の子孫なりと誇らしげに語っている。

ここに書いてあることは非常に重大である。私たち日本人と契丹人は〝東大古族〟といわれていたが、西から侵入してきた人たちが、自分たちこそ東大古族の神の子孫であると偽り、系図や歴史まで自分たちのものとしてでっちあげたというのである。さらに先がある。

けれども彼らは、みずからの祖先と思っていた堯と舜が、彼らの思惑に反して、東大古族の王であったことをはたして知っているのだろうか。

西から中国の地に移住して帰化した人々が、我らの王に仕えたのは、堯・舜のときではなく、その後久しく続いた夏王朝の創始者たる禹のとき以来のことである。彼らは禹を、あたかも彼ら中国人の王であり、中国大陸だけを治めた王であったかのように記しているが、これはとんでもない間違いだ。

これらのことがもしも事実だとすると、これはゆゆしきことである。つまり、中国大陸のもともとの主人公は、今の中国人の祖先ではなく、東大古族といわれていた日本人と契丹人の共通の祖先だった、ということになるからだ。さらに『契丹古伝』はこう語る。

『史記』に記された禹は、大洪水を生きのびてティルムンの楽園に住んだシュルッパクの王、ウトナピシュティムをさしている。彼の治めた地域は、息子のギルガメシュが活躍したメソポタミアのウルクだけでなく、全世界に及んでいたのである。

我ら東大古族の王である禹は、中国だけの王ではなく世界全体の王であったことが、西族の伝承によっても確かめられるのである。

ここに「西族の伝承」と記されているのは、中国大陸に西から侵入したアッシリヤ人（漢人）が今のイラクあたりに残した粘土板文書に登場するシュメール伝説をさしている。

しかし私たちは、そのシュメール伝説のティルムンの王がはたして我々日本人とどんな関係にあるか調べてみなければ、ここに書いてあることをにわかに信じるわけにはいかない。

私は早速アッシリヤの歴史を調べ、「西族」の宮殿跡から出土したといわれる粘土板文書にあたってみた。すると……。

第4章

# 伝説の楽園〝ティルムン〟を求めて

## ――インド〝高天原〟への道

## シュメール伝説の楽園「ティルムン」はどこにあったか？

今から百数十年前、アッシリヤの都ニネヴェの王宮跡で見つかった粘土板に記されたシュメール伝説は、遠い昔、アラビア半島とイラン高原にはさまれたペルシア湾の東方海上に「ティルムンと呼ばれる国があった」と物語っている。

それによれば、ティルムンは大洪水を生きのびたウトナピシュティムと呼ばれる王が、神々とともに住むことを許された楽園で、息子のギルガメシュがクラブ（イラク南部の古代都市）の英雄になったのち、不老長寿の薬草を求めてやってきた土地だという。

シュメールについては、すでに多くの方が学校の〝世界史〟で習ってきたはずだ。今から数千年前、113ページの地図に示したメソポタミア南部で都市国家を建設し、楔形（くさびがた）文字という独特の文字を作成して高度な文明を築いた民族である、と。

「エジプト、インド、中国とともに世界の四大文明の一つ」などと教えられた記憶が読者にもおありだろう。今まで種々の発掘調査もなされてきた。

ところがこのシュメール文明の実体については、調べれば調べるほど、ほとんど何も判明していないのだといわざるをえなくなってきているのである。

たとえば、最近の研究では「四大文明」と等列に置かれるものではなく「世界最古の文明であり、ここからさまざまなものが世界に波及した」ともいわれてきているのだが、それも、メ

図11　シュメール関連地図

シュメールの遺跡から出土した粘土板。『ギルガメシュ叙事詩』も粘土板の形で多数発見されている。神々の楽園ティルムンの記述もこうした粘土板に刻まれていた

ソポタミアに突然に出現した文明ではなく、あるときこの地にやってきた「ウバイド」と呼ばれる民族の影響を受けて高度な文明を開花させたというのだ。ではそのウバイド人とは何か、どこからやってきたのか。

シュメール人たちは記録に優れ、数々の粘土板文書を残した。そしてそのなかのテル・マルディクの遺跡（シリア・アレッポ南方にあり、古代都市名はエブラ）から発見されたものは、このウバイド人たちの故郷が「はるか彼方の洋上に浮かぶ、日出（い）づる国ティルムン」にあったと記しているのだ。

シュメール民族の英雄・ギルガメシュの活躍と遍歴をうたった『ギルガメシュ叙事詩』は、楔形文字で残された最大の文学といわれているが、ここにも「はるかなる地、川々の河口」にティルムンはあると記されている。さらに、別の言い伝えによれば、ティルムンは計画的に区画された耕地を潤すすばらしい灌漑（かんがい）用水路と井戸のおかげで穀物が豊かに実り、町には立派な穀物倉庫があったという。

そのティルムンのすばらしさは、『エンキとニンフルサグ』と名づけられたシュメールの粘土板に次のように記されている。

ティルムンの国は清らかだ
ティルムンの国は清い
ティルムンの国は輝かしい……

ティルムンではカラスが不吉な声をあげることはなく
雄鳥がけたたましい叫びを発することもない
ライオンは生き物を殺さないし
オオカミも子ヒツジをとらえない
そこには子ヤギを襲う野犬はいない
そこには穀物を荒らすイノシシもいない……
眼病になる人もいなければ
頭痛に悩まされる人もいない
女性は年をとっても若々しく
男性もまた老いを知らない

このような国が、シュメール文明の栄えたメソポタミアの東にあった、ということはとても信じがたいことである。

したがって、これまで多くの学者が、ティルムンを現実に存在しなかった国とみなし、シュメール人の空想が生みだした理想の楽園と考えたのも当然だ。

もしティルムンが歴史的に実在したとするなら、それはどの地域にあって、どんな遺跡と対応しているのか——この点が明らかにならない限り、ティルムンはあくまでシュメール伝説の神話の国にすぎない。

## インダス国家こそティルムンだった！

デンマークの考古学者のグループが、戦後間もなく、ユーフラテス河口の南南東およそ四〇〇キロメートル地点にあるペルシア湾のバーレーン島で、インダス文明とシュメール文明の両方の特徴をもつ遺跡を発見した。そしてそのあとバーレーンがティルムンだったという説がまことしやかに流布されるようになった。

が、この説ではバーレーンの位置が伝説の内容とうまく一致しない。それに伝説を裏づけるような記録書もりっぱな灌漑設備も見つかっていない。つまり、決定的な証拠となるものは何一つ発見されなかったのである。

こうしてティルムンは、またもや伝説の国となり、私たちの想像力をかきたててやまない理想郷となってしまった。

しかしそれにしても、理想郷にしては伝説のティルムンのようすはあまりにリアルだ。それを実際に見たり聞いたりした者が書いたとしか思えないほど、その描写は写実的でいきいきしている。

私にはどうしても、ティルムンをシュメール人の空想の所産とみなすことができなかった。そうして、あれこれ調べているうちに、私はまたもや〝大発見〟をしたのである。

そうだ、ティルムンは実在した！ ティルムンこそ、いまだ建設者が不明とされているインダス国家ではなかったか……。

私がこうした発見に至った経緯はこうである。

シュメールの粘土板に記されたティルムンはいかにも古代人の夢物語のようにみえる。が、それから何世紀かあとのアッシリヤのテキストには、ティルムンの王ウヘリがアッシリヤ王サルゴン大王（在位・紀元前七二二～前七〇六）に貢ぎ物を納めたことがはっきり述べられている。

さらにサルゴンの時代にアッシリヤの支配下に入った東方の国ティルムンは、サルゴンの息子センナケリブ（在位・紀元前七〇六～前六八一）の時代に、アッシリヤとともにバビロン攻略に参加したことも、アッシリヤの記録として残っている。

このような事実をふまえると、ティルムンは少なくとも今から二千七百年ほど前まで歴史的に存在した国だったと考えられるのだ。

だとしたら、この国ははたしてアッシリヤ東部のどのあたりにあり、どこに都を置いていたのだろうか。

私は、この国がメソポタミアから見て「太陽の昇る土地」にあり、「はるかなる地、川々の河口」にあると伝えられているところから、ひょっとしたらインダス文明の国ではなかったか、また「川々の河口」にあったティルムンの都とは、インダス文明最大の都市モヘンジョダロをさしているのではないか、と考えた。

なぜなら、まずティルムンの位置を示す「川々の河口」がチグリス・ユーフラテス川の彼方を想定させ、そしてペルシア湾の東にあって多くの川が注ぎこむ河口といえば、モヘンジョダロに代表されるインダス文明が花開いたインダス川の河口がメソポタミアに最も近くなるからである。

伝説のティルムンはインダス国家として実在した――。この見方は、もちろん今のところ私の単なる仮説でしかない。

けれども、モヘンジョダロに代表されるインダス諸都市が、エジプト文明、メソポタミア文明の都市以上に広い範囲に建設され、西はペルシア湾の入り口から東はデリー東方のガンジス川流域まで、南はデカン高原のボンベイあたりから、北はカシミールの山麓地帯にまで広がっていたこと、そして現在まで何百もの都市遺跡が確認されていることなどから察しても、さきのティルムンの繁栄ぶりと一致するように思えてしかたがない。

しかも、モヘンジョダロやハラッパー、ロータルなどに紀元前の時代としてはとても信じられないほどすばらしい灌漑設備や衛生施設、りっぱな港や街路、穀物倉庫などが計画的につくられたことなどを知ると、ティルムンはますますインダス国家そのもののように思われてくるのだ。

はたして、インダス国家はシュメール伝説の楽園、ティルムンだったのだろうか。インダス都市の住民は、その昔、大洪水を生きのびたウトナピシュティムの子孫だったのだろうか。モ

ＢＣ８世紀後半、古代イスラエル北王国を攻め滅ぼしたアッシリヤの大王サルゴンがメソポタミアのほとりに建設した大宮殿。レイヤードによる想像復元図

大王サルゴンの後継者センケナリブの８回の遠征の成果を記した六角柱碑文。ここにはインド大陸から環太平洋地域にまたがる広大な土地をＢＣ８世紀当時治めていたティルムンの女王ウヘリ［日本の女神アマテラス］のことが記されている

ヘンジョダロに残された未解読文字は、この点について、何かを語ってくれるだろうか。

## インダス文明のベールをはがそう

砂漠のなかに花開いたレンガづくりのモダンな計画都市――モヘンジョダロ。

かつてはインダス川の河口にあって、今はウエスタン・ナラ・ループとインダス川の間の細長い帯状の〝島〟に残されたこの廃墟には、写真でもわかるとおり、すばらしい技術のあとを示す焼きレンガの建物群や大浴場、穀物倉庫の跡がある。

直角に交差した広い街路の脇には、精巧なサイフォン型浄化槽に流れこむ暗渠(あんきょ)式の下水道が設けられ、ダスト・シュートのついた壁の間を通り抜けて数階建てのマンションの中庭に入れば、その奥には水洗トイレやシャワーのついた小部屋と快適なバルコニーがある……。

モヘンジョダロは今でいえば、東京やニューヨーク、パリの清楚な高級住宅街といったところだろうか。現代のそれに劣らない衛生設備が町全体に施されている点を考慮すると、当時の市民の住み心地はよほどよかったことが想像される。

しかし、さきにも述べたとおり、モヘンジョダロの住民を含むインダス人について私たちの知っていることはごくわずかだ。彼らがその当時話した言葉は、いまだにどんなものかわかっていない。

インダス人の宗教や人種、政治形態についてもいろいろなことが推測されてはいるが、本当

インダス文明を代表するモヘンジョダロ遺跡

のことは誰にもわからない。

インダス文明は、そもそも発生の経過から滅亡事情に至るまで、すべて謎につつまれている。インダス文字が読めたら、これらの点について多くのことがわかるに違いない、とは誰しも思うが、印章に刻まれた文字を漠然と眺めているだけでは、とてもその秘密を明らかにすることはできそうにもない。そこで私は考えた――インダス文明とその文字の秘密を解くには、モヘンジョダロの町のなかでも、特に異様な建物に注目すべきではないか、と。

読者は121ページのモヘンジョダロ遺跡の写真を見たとき、この町の中央にある丘の上の〝仏塔(ストゥーパ)〟が真っ先に日に飛び込んでこなかっただろうか。このストゥーパの周辺で、インダス文字を刻んだ印章が見つかっているのだ。

モヘンジョダロのストゥーパの周辺で文字が見つかっているのなら、モヘンジョダロ以外のストゥーパの周辺でも、インダス文字と同じような形をした文字が見つかるのではないか、と私は考えてみた。

そう考えてインド各地のストゥーパの周辺を調べてみると、おもしろいことが次々にわかった。その一つがサーンチーの仏塔だ。

## サーンチー文字が神代文字で読めた!

私は一九八九年に資料調査を進めているとき、インド仏教美術を代表するサーンチーの仏塔

モヘンジョダロ遺跡と酷似するサーンチーの遺跡（上）と同遺跡の仏塔（ストゥーパ・下）。これらの仏塔周辺で見つかった銘文が日本の神代文字で読めるということはいったい何を物語るのだろうか⁉

の一部に、インダス文字とかなりよく似た文字が刻まれているのを発見した。しかもその文字は、日本の片仮名にもいくらか似ていた。片仮名は平安初期に漢字の一部から派生したものといわれているが、日本に古くから伝わるトヨクニ文字にもその原型がみられる。

さて、サーンチーの仏塔で発見したこの文字は、どうやらその下に彫られている動物の名を表わしているらしい。この動物は額に角をはやした馬のような動物で、どことなくギリシア神話に登場するユニコーンという一角獣に似ている。角は二本だが、「角獣」という意味ではインド版ユニコーンそのものではないかと思われた。

そのように思いながら、ふとこの動物の左上に刻まれた最初の文字（左端）の形に注目してみると、「ユ」を裏返しにした「ㄷ」の形になっている。

これは奇妙なことだと思いながら、今度は左から三番目の文字に注目してみると、これも片仮名の「コ」の向きを逆にした形によく似ているではないか。

そういえば左から五番目の文字。これも片仮名の「ン」をさかさまにして向きを変えた文字のように見える。

また、七番目の文字は片仮名の「ム」を裏返した文字にかなり近いし、八番目の文字は同様に「イ」が倒置した形と考えれば、イと読めなくはない。

こうして、サーンチーのストゥーパ第二塔の囲い石の上に刻まれた八つの文字は、日本の片仮名の変形文字とみなせば、ここまでで「ユ○コ○ン○ムイ」と読めるのである。

| 原文 | [illegible] |
| --- | --- |
| トヨクニ文字 | [illegible] |
| 発音 | ユニコウンカムイ |
| 意味 | ユニコーン　神 |

サーンチー遺跡第二塔付近にあったユニコーンの像とその上部に刻まれた謎の文字——トヨクニ文字で「ユニコウンカムイ」と読める（下は解読過程）

これは不思議なこともあるものだ、と思いながら、残された二番目と四番目、六番目の文字の読み方をトヨクニ文字でチェックしてみたところ、二番目の文字は片仮名の「ニ」に対応するトヨクニ文字をさかさまにしたものであることがわかった。

また、四番目の文字は同じく「ウ」に対応するトヨクニ文字を斜めにのばして変形したものらしい。そして六番目の文字もまた、片仮名の「カ」に対応するトヨクニ文字「小」の点線部をつないで倒置したものらしい。

つまり、このストゥーパの囲い石に刻まれた八つの文字は、日本の片仮名を含むトヨクニ文字の変形文字とみられ、どうやら、

「ユニコウンカムイ」（ユニコーン神）

と読めるのだ。

サーンチーの仏塔の一部に、日本の古代文字で読める銘文が刻まれていたとは、これまで誰一人として想像しなかったことだ。

私自身も本当に驚いてしまった。

従来の仏教碑文の専門家は、この第二塔の銘文が紀元前三世紀のアショーカ王の時代に使われたブラーフミー文字かカローシュティー文字（注13）で書かれているに違いないという。

事実、私も最初はそう思って、インドの古代文字でこの銘文を読んでみようとした。が、ここにはブラーフミー文字にはない字体が使われていて、それらの文字は、日本のトヨクニ文字

注13：古代、西北インド・北インドから中央アジアで用いられていたとされる文字。通説では紀元前５世紀頃、ブラーフミー文字を知っているものがアラム文字（注７の項参照）を借用し、この地の言語を便宜的に表記したという。

を使わなければ読めない。専門家のいうブラーフミー文字やカローシュティー文字では、この銘文はとうてい読めないのである。

したがって、別の専門家が、誰にでも納得できるような読み方を具体的に示さない限り、私はサーンチーのこの銘文が、日本の古代文字で「ユニコーン神」と読めるものと考える。

この結論は非常に重要だ。なぜなら、サーンチーの文字がインダス文字に似ていて、しかも日本のトヨクニ文字で読めるということは、インダス文字もまた、日本の古代文字で読めるかもしれない、ということになるからである。

シュメール伝説のティルムンの都とみられるモヘンジョダロ。そのモヘンジョダロの遺跡から出土した千五百点を超える遺物に刻まれた謎のインダス文字。

これまで長い間、世界中の考古学者や言語学者を悩ませてきたインダス文字が、もしかしたら、日本に古くから伝わる神代文字で読めるかもしれない……。なんと心躍るテーマであろう。これは碑文学の研究者である私だけでなく、あらゆる分野の専門家や研究者、いやそれだけではない、すべての日本人をも興奮させずにはおかない魅力的なテーマだ。

しかし、その手がかりともいうべきインドの古代文字が、サーンチーの仏塔に残されたただ一つの銘文だけだとしたら、なんとも心もとない。とても人を説得することはできない。私は自分で導きだした大胆な仮説を証明するには入念な現地調査が必要だと考え、早速インドに飛んだ。

## 〝暗号文書〟『新撰姓氏録』からの出発

一九九〇年の六月上旬。私は探検協会のメンバーとともにインドへ向かった。デリーを目前にして、ふと私は自分がとんでもない幻想にとりつかれてしまったのではないかと不安になった。

私が日本からはるばるインドにやってきたのは、ほかでもない。インドのデカン高原に紀元前の日本の古代文字がある、と確信していたからだ。

思えば遠い昔、私たち日本人の祖先が、インドのデカン高原からインドシナ、中国、朝鮮を経て日本にやってきた証拠は、文字を除けばいくつもあった。

たとえば、平安初期に嵯峨天皇（在位・七八六～八四二）が万多親王らに編纂させた『新撰姓氏録』という日本の有力氏族の家系由来記がある。実をいえば、私のインドをはじめとする海外と関連した古代日本の歴史の見直しはこの『姓氏録』を読み解くことから始まった。そして、私は同書を〝暗号文書〟だったとして『謎の新撰姓氏録』（徳間書店刊）を著わしたのだ。

詳しくはぜひその拙著を手にとってほしいと思うが、『姓氏録』がなぜ暗号文書かといえば、普通に読むならば天皇家や有力氏族の出身地がほとんど読み取れない。また、『姓氏録』に登場する私たちの祖先の名前が実に奇妙である。たぶん、すべての読者が一読したとたん、自分たちの祖先は何者だろうかとギョッとしてしまう。

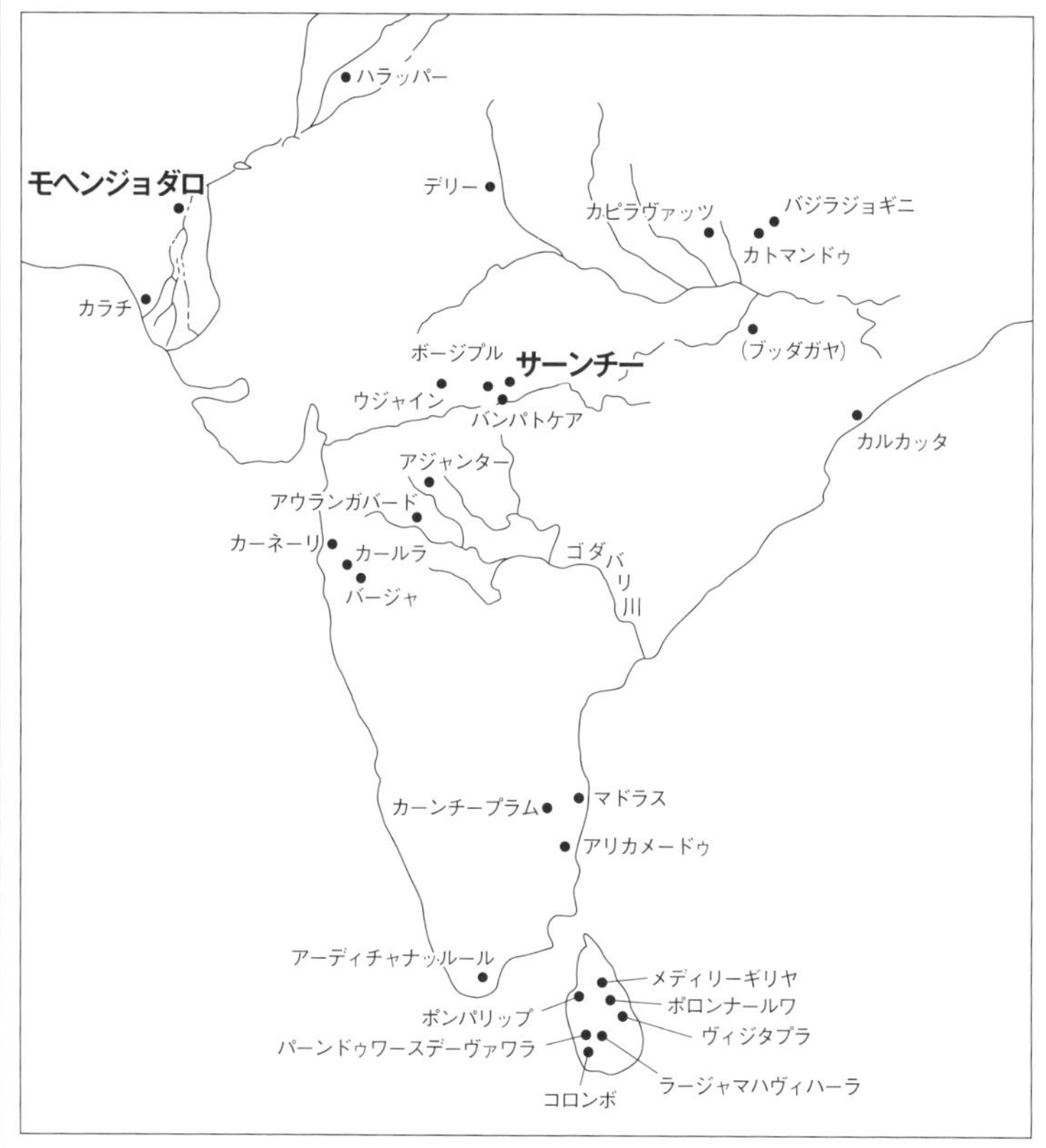


日本学術探検協会では、デカン高原＝高天原説を証明するため、これまで何度も現地調査を行なってきた。そして、そのつどインドでも解読されていない碑文を採取し100例以上の碑文を解読した結果、古代の日本人はインドのデカン高原あるいはインダス文明地域で活躍していたことを突きとめた

図12　原日本古代文字発見地点（日本学術探検協会／高橋良典・調査）

つまり、誰かさんの祖先はウジュヌ（鵜濡渟）で、誰かさんの祖先はヒキソノコロ（日吉曾乃己呂）だ、ウカツクヌ（宇賀都久野）だとか、誰々さんの祖先はイリシシャレシ（伊利斯沙禮斯）で、誰々さんの祖先はツクニリクニ（都久爾理久爾）だ、オスス（小須須）だ、タリスス（田利須須）だ、という具合に、実に耳慣れない、チンプンカンプンの名前が次々に登場する。

また、鈴木さんの祖先の系図には、フツクロ（布都久呂）とかガホウコ（我包乎）、ダイシンガ（大新河）、ダイメプ（大売布）、アラカヒ（麁鹿火）といった奇妙な名前がたくさん出てくる。天皇家の祖先にもワンコ王（椀子王）やショックリ王（殖栗王）、クルメ王（来目王）といったおかしな名前の皇族がいたり、ヲオフト（男大迹＝継体天皇）やオケ（憶計＝仁賢天皇）、ホムダ（誉田＝応神天皇）といったわけのわからない名前をもった天皇がおられる。

このようなことは、今まで、すべて、別に不思議とも思われなかった。とにかく、昔のことだから、私たちにはわからないのが当然だ、と思っていた。けれども、実はそうではない。

読者は、ここで私が、鈴木さんの祖先の物部一族はインドのマハバリプラムやファテガルにいた、またマレー半島のクアラトレンガヌやジョホールラマ、シンガポールにいた、物部一族の初代の神とされている饒速日は紀元前三世紀のインドにあったマガダ国（注14）のアショーカ王だ、二代目の神の味真治はアショーカ王の息子のマヘンドラだった、といったらどう思われるだろうか。おそらく大部分の方は、私のことをちょっとオカシナ人間ではないかと思われ

注14：古代インド、ガンジス川中流域に興り、紀元前４世紀にマウリヤ朝のもとにインドを統一。前１世紀に滅亡。

るだろう。
しかし、このようなオカシナことをいっているのは、何も私が初めてだというわけではない。時代は七百年くらい前にさかのぼるが、日本に何百万人もいる鈴木さんの祖先がインドのマガダ国からやってきたことを、鎌倉時代に書かれた『源平盛衰記』（注15）は、次のようにはっきり述べている。

　ウイ、ススキ（鈴木）党と申すは、権現、摩伽陀国より我が朝へ飛び渡り給ひし時、左右の翔と為りてわたりしによりて、熊野をば吾がままに管領す。

## 日本人はデカン高原からやってきた！

というわけで、『新撰姓氏録』は我々の家系由来記、いうならば日本人の出生地証明である。ならばカル（クル）族のことも書かれているのではないかと思って調べてみたら、あった！やはりあったのである。『姓氏録』の「山城国（京都府）諸蕃」の項には、こう書かれている。

　八坂造　出自狛国人久留川麻乃意利佐也

わかりやすく説明すれば、京都の祇園祭で名高い八坂神社の八坂氏は、インドのオリッサ（意利佐）からタイのチェンマイ（川麻乃）、中国・江南地方の呉（久留）を経て日本に渡来したクル（カラ）族、つまり高麗人だと記されているわけだ。
また、学問の神様として有名な菅原道真を生み出した天神族が、かつてはデカン高原のボ

注15：全48巻の軍記物。作者未詳。鎌倉後期以降に成立したとされる『平家物語』の異本の一つである。

ーパールやインドール、ウジャインの町に住んでいたことは、穂日（ほひ）や夷鳥（いどり）、鵜濡渟（うじゅぬ）といった天神族の祖神の名前として伝わっている。

そして、私たちは、今まで物部一族の〝大売布〟や〝大新河〟をダイメプ、ダイシンガと読んできたが、これをインドのマガダ国で使われていたサンスクリット語風に読めば、〝マハバリプラム〟〝マハーシンガ〟となる。マハバリプラムのすぐそばにあるカンチーの町（カンチープラム）のカンチー氏は、チーカン～シーカン～シーキン～シキと訛ったあとで、物部一族の〝志貴〟氏に変身した……。さきのヒキソノコロにしても、これをノコロキソヒと入れ替えて読んでみると、どことなくインドシナの古代都市ナコンラチャシマの呼び名に似ていて、日吉曾乃己呂はインドから日本へ渡来した私たちの祖先の中継地点を暗号化した神名のように思われてくる。

このような例が、もしも百例にも満たないなら、私も『姓氏録』が〝暗号文書〟だと思ったりはしない。けれども、この本に記された神名や人名、地名にはあまりにも奇妙なものが多すぎて、ここには何か大きな秘密が隠されているのではないかと思い解読を始めたのだった。

そして、『姓氏録』は神別（神から分かれた家系）・皇別（天皇家から分かれた家系）・諸蕃（渡来人の家系）に類別した千百八十二氏を扱っているが、追い進めていくとどうやら、すべてがインドのデカン高原に関連してくる――そんな結果が私の分析から出てきた。

『姓氏録』の漢字名はどうもただの当て字のようで、その多くは、日本以外の土地で活躍した

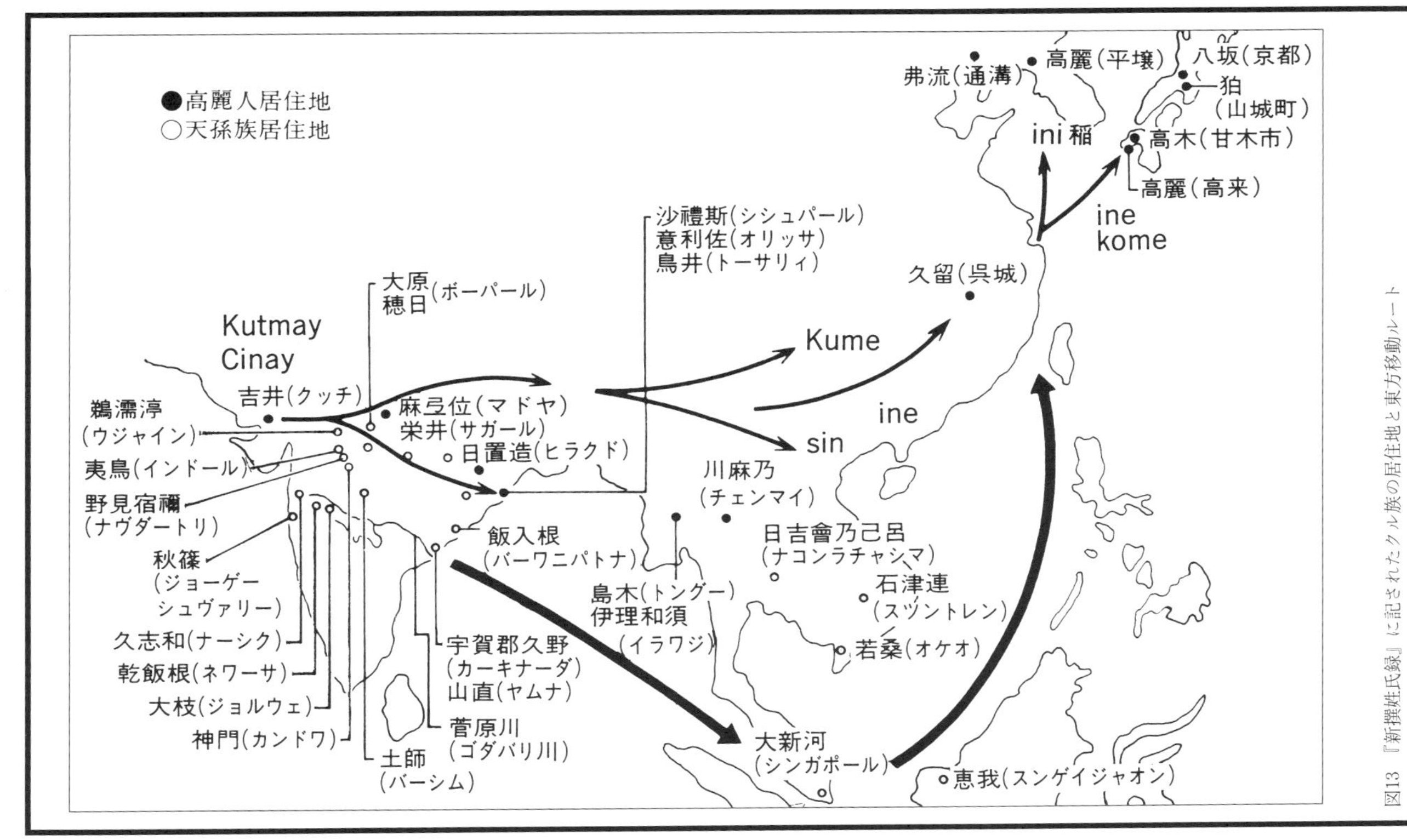


図13　『新撰姓氏録』に記されたクル族の居住地と東方移動ルート

私たちの祖先の歴史を神話化するために、元の名前を暗号化したらしいという途方もない結論に至ってしまったのである。

## 実在の歴史が〝アナグラム〟によって神話化されている

と同時に私は、その暗号化のプロセスのなかで、古代世界の各地で行なわれていた「アナグラム Anagram」の秘宝がさかんに用いられていることを突きとめた。アナグラムとは、一言(ひとこと)でいえば、本当にあったことを神話化するために、事件にかかわるすべての固有名詞のつづりを入れ替えてしまう手法である。拙著『謎の新撰姓氏録』で詳しく説明したが、大事なことなのですこしここに再録しよう。

このアナグラムは、古代世界のどこでも、実在の歴史を神話化する手法として頻繁に使われた形跡がある。

たとえば、古代のギリシアでは、この地がかつてエジプトの支配下にあったことを隠すため、エジプトのテーベで起こった事件をギリシアで起こった事件として伝え、それにかかわる地名や人名をすべてギリシア化してしまった。その典型的な例が、テーバイ（テーベ）を舞台としたオイディプス（アメンホテップ四世）の物語である。読者もよく知っているギリシア神話は、かつてエジプト人が地中海一帯で活躍していた頃の実際の歴史から、時間と空間の目じるしをはぎとり、歴史上の人物からその人が活躍した時代と場所の記憶や本人の実名を消し去ったものが中心的なテーマになっている。

古代ギリシアの新しい支配者がなぜこのようなアナグラムを用いて過去の歴史を神話化したかといえば、それは、すべての記録を抹殺してしまえば、自分たちの祖先に関する記憶をも同時に失うことになるからである。賢明な支配者であれば、そんなことをするより、このアナグラムを使って歴史を神話化する方法を選んだであろう。つまり、彼らはこのアナグラムによってエジプトの歴史を神話化する一方で、過去の歴史を関係者だけが知りうる手がかりとして〝神話〟を残したのである。

前述した漢人（アッシリヤ人／アーリヤ人）の歴史の闇の封印とは趣を異にするが、同じく歴史の書き替え（すり替え）だといっていい。そして、古代の日本でアナグラムが用いられた動機こそ、その封印（あるいはその圧力）であったことはすでに述べたとおりである。

だが、結果は同じだ。実際のアナグラムによって神話化されてしまうと、過去の生々しい記憶は薄らぐものの、本当のことはアナグラムを適用した関係者以外にはなかなかわかりにくくなってくる。もしもアナグラムを用いたこと自体が忘れ去られてしまえば、神話はあくまで神話としてしか理解されない。

たとえば、ここに「星より来た主」なる者がいたとしよう。ローマ字で表わすと、hoshiyo-rikitanushi だ。これをアナグラムしてみると、takihoshiyoshinuri という組み合わせをつくることができる。そして古代日本のアナグラムでは、a・i・u・e・o の母音が必要に応じて入れ替わっているので、その例にならえば、前記の takihoshiyoshinuri は takahashiyoshinori となる。

そのあとが問題である。通常のアナグラムはここまでだが、古代日本のアナグラムではこれに好き勝手な漢字をあてはめるので、takahashiyoshinori は筆者の名前、高橋良典だということになってしまう。古代日本のアナグラムを使って新しくつくられた「高橋良典」は、元の「星より来た主」とは似ても似つかない人物になっている。

## 〝暗号解読の五法則〟で身近になるインド

加えて、私たちには〝漢字の呪縛〟がある。そうしたことから私はここに、これから自分でも古代アジアの隠された秘密の歴史を解読してみようと思われる方のために、私の行なってきた〝暗号解読〟の手法を紹介しておこう。その基本は簡単にいって、次のような五つの法則に従っている。

インドの神名・ルクミニーを例にとれば、

① 原音　ルクミニーRukmiṇī
② 転訛音　ルクミナ Rukumina
③ アナグラム　ナミクル Namikuru
④ 漢字による変形　雙栗(なみくり)＝双栗(なみくり)〜久御(くみ)山

## ⑤　読み方の変化　なみくり〜くみやま

①の原音が②の転訛音に変化するのは、インドやアジアがアーリヤ化される前の先住民（カル族、クルク族をふくむドラヴィダ語族）の言葉の特徴に基づくもので、言語学的な根拠がある。カラ族の血をひく私たち自身が映画の「キネマ」を「シネマ」にするなどしているのである。

そうした流れのなかで、さきの八坂造がインドのオリッサからチェンマイを経由して来たことを読み解くのに、意（オ）利（リッ）佐（サ）、川（チェン）麻（マ）乃（イ）を当てたことは容易に判断できるはずだ。

ふと考えれば、私たちはインドというと今でもずいぶん遠い国のように思っているが、実際には、とても身近な国だといっていいのである。たとえば本邦映画史上最長のシリーズとなった柴又の寅さんの映画。日本人なら誰でも一度は見たことがあるはずだが、その寅さんの生まれ故郷、東京は葛飾の矢切りの渡しのすぐそばに帝釈天がある。

この帝釈天が『マハーバーラタ』や『ラーマヤナ』に登場するインドラ神であることを私たちはすっかり忘れてしまっているが、帝釈天の帝釈は、インドラの別名シャクラデーヴァSakradevaのrとvの音が脱落し、母音のaがuとiに、子音のdがtに変わったシャクテイsakuteiの、その語順がtei-sakuと入れ替わったものに帝・釈という漢字を当てはめて、あとでタイシャクと読むようになったものだ。

『姓氏録』ほかの記録は、日本とインドを結ぶ私たちの祖先の移動ルートに沿って、祭りの習慣や衣・食・住の伝統、言葉、血液型、古墳文化、巨石文化のあり方などに共通点がみられることで、ある程度まで裏づけることができる。

そこで、もし私の推測が間違っていなければ、インドのデカン高原には、私たちの祖先が残した日本の古代文字碑文が必ずあるはずだった。私はそれを確信していたからこそ、一九九〇年六月上旬にはるばるインドの地へやってきたのだ。

# 第5章

# 世界に雄飛した太古カラ族

## ——インダス文明の建設者は日本人だった

## 幻の蓬莱山をめぐる『宮下文書』の新視点

私がデカン高原を調査するにあたって、『新撰姓氏録』のほかにもう一つ参考にした資料がある。それは『宮下文書』（注16）として知られる古文献である。

この文献は『富士文書』とも『徐福文献』とも呼ばれ、もともとは神代文字で記されていたものを、東海の蓬莱山を求めて渡来した、秦の方士・徐福（注17、141ページに掲載）が漢字に直したものが原典だとされる。

これまでの『宮下文書』の研究者は、日本民族の源郷を古代ユーラシア大陸の中央（アラル海に注ぐシルダリア、アムダリア両河の上流）とみなし、そこから私たちの祖先は日本列島へ海・陸シルクロードを経て移動し、富士山麓に定着したと考えてきた。

この文献には「東海の海原に、形世に二つなき蓬莱山ありと聞く。汝が命等これに天降りて、蓬莱国を治せ」と記された箇所がある。

ここに登場する蓬莱山は、またの名を「高砂之不二山」といい、これまでは富士山のこととされてきた。そして、「高天原世の天神」と記されている七代の神々が高木神から受けた命令どおり、次々と蓬莱山（富士山）のふもとにある大原の都（高天原）に集まってきた、というわけだ。

蓬莱山が富士山とされたのは、本文の別の箇所に青木ケ原という地名が登場したり、「不二

注16：山梨県富士吉田市にある浅間神社を代々宮司として守ってきた宮下家に伝わる文書。明治の中頃、同家からの委嘱を受けた神学者・三輪義凞が解読に取り組み、1921年に『神皇紀』として世に出された。

山」に登る途中にあるとされた「三川(みかわ)」や「住留家(するが)」が、あたかも、実際に「三河」（愛知県）や「駿河」（静岡県）と対応するようにみえたからである。

だが、これはあくまで地名が単に似ているだけではないか。現実には富士山のふもとから高天原王朝の跡は発見されていないし、富士山は「形世に二つなき」ほど奇妙な形をしているとも思えない。また、高天原の神・国常立(くにとこたち)（農立比古(のうだつひこ)）の穴宮(あなみや)の御所跡が見つかったという話もいまだかつて聞いたことがない。

そこで、私は考えた。「インドのデカン高原こそが日本神話の高天原ではないか」と。

もし、日本人の祖先カラ族がインドからやってきたのなら、神話時代の神々の都がインドにあってもなんの不思議はない。日本神話の起源は遠くインドにさかのぼるからである。

「デカン高原こそが高天原であり、私たちの直接の祖先であるカラ族は陸路や海路を経て日本に大移動してきた」――『新撰姓氏録』や『宮下文書』を解読していくと、こんな結果に突き当たる。一九九〇年に行なったデカン高原の調査は、それを現地で検証するためのものだったのだ。

ともあれ、このあたりを念頭に置きながら『宮下文書』を検討してみよう。

## 『宮下文書』の「大原(おおはら)」はボーパールか？

『宮下文書』によれば、その昔、私たちの祖先は西の都をあとにして東方へ旅立ち、この世に

注17：秦代（紀元前221～前207）の方士。不老不死の薬草を求めて蓬莱神仙島に渡ったとされる。始皇帝の許可を得て、大船85艘に男女各500人余と財宝を乗せ、日本に向かった。新宮市の墓のほか、日本各地に渡来伝説を残す。

二つとない奇妙な形をした蓬莱山という山に達した。そして、この山のふもと近くに大原の都を置いて高天原を治めたという。

蓬莱山の別名がその奇妙な形から高砂之不二山ということ、青木ケ原という地名が登場することなどから、これまで高天原は日本の富士山麓にあるものとされてきた。

しかし、この根拠はあくまで地名が似ているだけなのだ。前述したように、現実に富士山のふもとから高天原王朝の都の跡が発掘されているわけではない。また、富士山の姿は美しいと感じるものはいても、「この世に二つとないほど奇妙」と感じるものはいないのではなかろうか。

そこで着想を変えて高天原がインドのデカン高原にあったとみなせば、私たちは地名に対応する遺跡や日本人とのかかわりを示す文字資料を実際に現地で具体的に確認することができるのである。このあたりの描写を『宮下文書』（鈴木貞一・現代語訳）から引用してみよう。

> 一族多数の植民に好適の地を求め、蓬莱山の北麓の地域を発見し給う。この大原の地には、水あり、火の燃ゆる所あり。草木大いに繁茂して、その実もまた多し。
>
> すなわち、大御神は、大原野の小高き丘に、天の御舎（みあらか）を造（つく）りて止（とどま）りまし給う。これを穴宮の大御宮という。
>
> 蓬莱山のその形、他に類少なく二つなき山なるによりて、高砂之不二山と名づけ、また、その高き地に火の燃え、かつ日に向（むか）えるにより、一に日向高地火（ひむかたかちほ）の峰と名づく。その麓（ふもと）の

青木多き所を青木ケ原と名づく。穴宮の所在の丘を阿田都山と名づく。その大原を高天原と名づく。

私はインド・デカン高原の地を訪れる何年も前から、大原がマディヤ州の首都ボーパール（133ページ参照）であることを確信していた。

理由はきわめて簡単だ。アナグラムを利用して、地名を解読していったのである。

私の仮説はこうだった。

大原は、ボーパールがヴォーパル→ウォハル→オーハラと変化し、「大原」と漢字化された……。

引用文には「草木大いに繁茂して、その実もまた多し」というフレーズがあるが、ボーパールは確かに、古くから栄えた土地である。

そしてその東方にはなんと、先述の「ユニコウンカムイ」という古代文字が刻まれたサーンチー（129ページ参照）のストゥーパがある。

私はこのストゥーパが前出の「天の御舎」に違いないとにらんでいた。漢字で「天の御舎」と書かれた建物は、天（ア）御（ミ）舎（スツ）と読めるが、アミスツの語順を入れ替えたスツアミは、言語学的にみれば間違いなく、ストゥーパという音の変化形と考えられる。

また、このストゥーパはヴィディシャの丘にあるが、この丘がヴィディシャ→ヴァダス→ヴアタツ→アタツと訛ったあと、「阿田都」という漢字が当てはめられたという推理も成り立つわけだ。

## 「高砂之不二山（たかさごのふじさん）」の正体が判明した！

さらにさきの引用文の解読を急ごう。

「他に類少なく二つなき山」と呼ばれた蓬萊山＝高砂之不二山とは何か？

結論からさきにいえば、私は高砂之不二山とはサーンチーの南方にあるバンパトケヤ山をさしている、と考えた。

バンパトケヤ山は、フノフタカヤ山に変わり、不（フ）之（ノ）二（フ）高（タカ）砂（ヤ）という漢字で表わされて、不之二高砂山になり、文字の配列が変わって、高砂之不二山になっていたのだ。

もちろん、私はこの調査で現地に行っている。

ボーパールのホテルを出て、ジープで一時間、第二の目的地はバンパトケヤだった。

私は初めてその山を見たときの強烈な印象を今でもはっきりと覚えている。それはまるで、巨大な岩盤が高熱で溶けてできたような山なのだ。

これなら「他に類少なく二つとなき山」という記述とも一致する。バンパトケヤは、日本ではまずお目にかかれない、奇妙な形をした山だった。

バンパトケヤは岩絵の宝庫である。

バンパトケヤ山

ヴィディシャの丘

なかでも〝象の洞窟〟と呼ばれる巨大な人工トンネルは私たち一行の目を引いた。入り口付近の崖には白い象の岩絵がはっきりと印されている。

そして、そこかしこの岩肌に赤や白、黒の顔料で記された碑文。こちらのほうは長い年月の間に風化して、すべての文字を完全に読み取るというわけにはいかなかったが、アヒルクサ文字、トヨクニ文字などが確認でき、そのうちの一つは「……マツラバヤ（祭らばや）」と解読することができた。

さらに、帰国後、写真をチェックしているとき気がついたのだが、象の岩絵のすぐ横にははっきりと菅原氏の梅鉢紋が印されていたのである。

私はヴィディシャの丘（阿田都山）に初めて立ったときのことをはっきりと覚えている。あたりを見渡せば、みどり豊かなボーパールの平野はヴィンジヤ山脈の北に広がり、まさに『宮下文書』の描写を彷彿（ほうふつ）させた。

また、この位置からだと私が「天の御舎」と仮定したストゥーパは、真西に向かって並んでいることもはっきりとわかる。

ストゥーパの配置は、その昔、この地に宮殿を建てた人々が西からやってきたことを表わしているのか。私は、ここからはるか西方、モヘンジョダロ（ティルムン？）に思いを馳せた。

そう思いながら、あらためてサーンチーの遺跡全体を見直してみると、第一塔と第二塔の中間にある沐浴場はモヘンジョダロの大浴場のミニチュア版だし、かの地の大浴場の真東にあっ

〝象の洞窟〟入り口付近にある白い象（右中）と梅鉢紋（左中）

『宮下文書』の地図

た仏塔は、サーンチーの第一塔に相当しているかのように思われた。

サーンチーは、これまでインドを代表するアショーカ王（在位・紀元前二六八〜前二三二）時代の仏教遺跡とばかりみなされていたが、この遺跡の基礎がアショーカ王よりもはるか昔にさかのぼることはほとんどの学者たちが認めるところだ。仏塔を取り囲む城塞はモヘンジョダロの城塞とそっくりであった。

私たちの祖先が西方の地モヘンジョダロからボーパールに移住し、ヴィディシャの丘の上に、かの地の城塞やストゥーパ、大浴場にならってサーンチー古城をつくった可能性はおおいにあるのだ。

私はバンパトケヤの調査のあと、ボーパールとバンパトケヤの中間点にあるボージプルに向かった。この地にはインド最大のシバ寺院シバ・リンガムが残されていた。

予想したとおり、ここには寺院跡のいたるところにトヨクニ文字、イヅモ文字が残されていた。解読できたものだけでも、

「トハ（永遠）」（イヅモ文字）

「シバタテマツル（シバ奉る）」（イヅモ文字）

などがあった。

そして、最後に「トハナレ（永遠なれ）」というトヨクニ文字で書かれた祈りの言葉を見つけたとき、「日本神話の高天原はインドのデカン高原だった」という私の仮説は確信へと変わ

ボージプルのシバ寺院跡。ここでも神代文字銘文が大量に見つかった

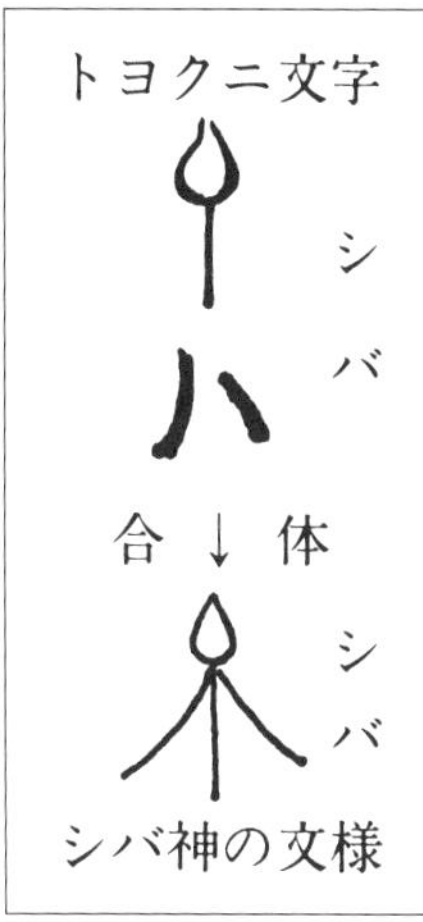


インド各地のシバ寺院のなかでも最古期に属するカイラサナータ寺院の御神体（シバ・リンガム）の表面には、トヨクニ文字の「シ」と「バ」を合体させたシバ神の文様が描かれていた

っていったのだ。

## デカンの民族大移動を証明する

「そうはいっても、地名のアナグラム解読など強引なこじつけだ。単なる偶然の一致ではないか。それに文献のうち自分の仮説に都合のいい箇所だけ抜き出しているのではないか」

まだこの時点では、読者からそんな非難が聞こえてきそうだ。

実際、『宮下文書』にはどうみても、日本の弥生時代初期の生活を記述したとしか思えない、以下のような描写がある。

命は諸々の眷族に勅して、山岳、渓谷、河原などより石剣を拾い集めしめ、以て武器に用いましき。

また、黒石を火にて焼きとかし、銑金を製し、これを鍛えて、剣または諸々の物を切る器具を作りましますことを創め給う。また、弓と矢を創り給う。また、大竹、小竹などを以て籠を作り給う。……

また、大小の木を伐りて、四方または縦、横の柱もしくは天井などを、籐にて結びつけ、外囲は、木の皮または大竹、小竹にて囲み、屋根は、木の皮、鳥の羽根または萱にて葺きて、住居となすことを創めましき。

金属器と石器を併用した稲作農耕文化、そしてその住居は隅丸方形で、外側のつくりは竹や木の皮を縦、横、斜めに組んだ網代壁になっている、と『宮下文書』はいう。まさしく弥生初期の日本人の生活そのままではないか、と読者は思われるだろう。

しかし、である。この描写は逆にデカン高原=高天原説を裏づける強力な証拠になってしまうのだ。

一九五〇年以来、インドではデリー大学のサンカリア教授を中心にデカン高原北部に位置するナヴダートリとネワーサという二つの遺跡の精力的な発掘調査が行なわれている。

その結果、ここからは日本の弥生時代に盛んにつくられた隅丸方形の住居跡と同じものや、この時代の埋葬法を特徴づける合わせ甕棺が出土したり、弥生土器とよく似たジョルウェ土器と呼ばれる薄手の赤味がかった土器が大量に見つかったのだ。

これらの出土品は紀元前七～八世紀のものであると推定された。とするなら、それらが民族の大移動に伴い、弥生時代の初期に日本に伝わったと考えることは、決して不自然なことではない。

しかも、前出のナヴダートリとネワーサの二つの遺跡は、『宮下文書』に登場する国常立と国狭槌の二人の神々の名前に対応するのである。

国常立とは、『宮下文書』に「高天原世の天神」と記された七代の神々のうち、第一代の神である。別名を農立という。その農立がアナグラム分析の結果ナヴダートリに対応することがわかった。

つまり農立は、ナヴダートリがナウダートイ↓ノウダトイ↓ノウダツと訛ったものに農立という漢字を当てはめたものにすぎない、というわけだ。

この農立のあと、高天原を治めた第二代の天神は、農立の弟の農佐(のうさ)となっている。が、この農佐もまた、ナヴダートリの南西およそ三五〇キロ地点にあるもう一つの古代都市・ネワーサに由来する。ネワーサがノウサと訛って、農佐と書き表わされたのだ。

## “面足命(おもだるのみこと)”はハスティナープラの大王だった！

『宮下文書』に「高天原世の天神」と記された七代の神々の名前と、デカン高原の地名の一致はさらに続く。

第六代の高天原王となった面足(おもだる)は、第四代の泥土煮(ういじに)や第五代の大戸道(おおとのじ)の弟だが、この面足については『宮下文書』に次のように記されている。

面足命は、諱(いみな)を穂千田比古(ほちたひこ)命といい、国狭槌(くにさづち)命の第三子にまします。神后(しんこう)は、千早比女(ちはやひめ)命。

命は北九州をしろしめし給う。

命は製刀の法を案出して、諸神を教え給う。命の名は面足命、神后は、大斗野辺(おおとのべ)命という。共(とも)に、北越の国の陵(みささぎ)に葬る。

ここで面足命が「北九州をしろしめし給う」とあっても、面足夫妻が「共に、北越の国の陵

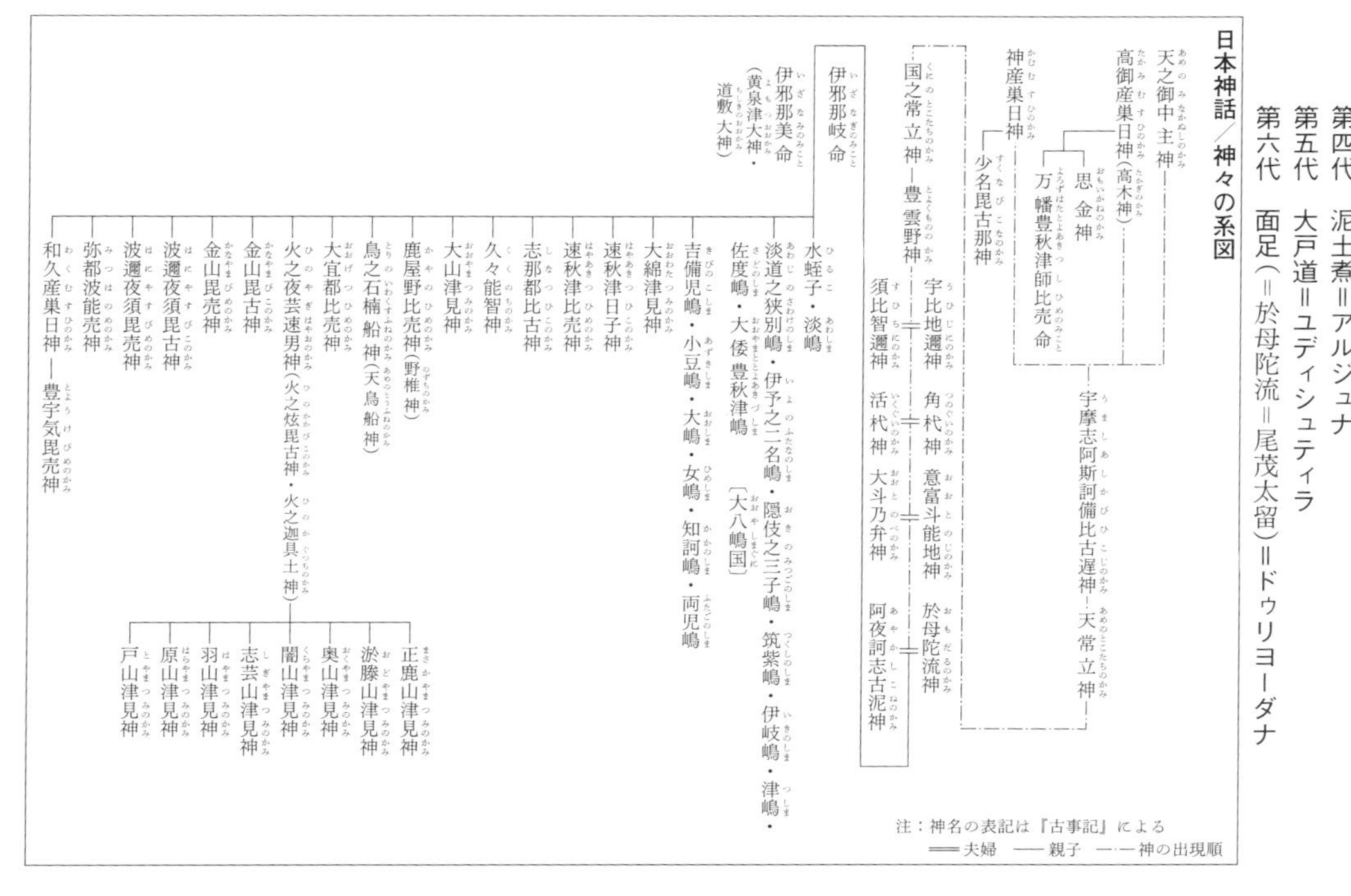


図14　高天原天神系図――『宮下文書』に記された高天原国家の６代の王は『マハーバーラタ』の英雄たちとも対応する（右）。左図は伊邪那美生前までの神々の参考系図

（墓）に葬られた」とあっても、日本の北九州や北越（越前・越後）の地をさすのではない。面足という名を、『古事記』『日本書紀』の注釈に従って、オモダル、オモタルなどと読んでいるうちは、歴史の深層に隠された秘密は解き明かせないのである。

私はこれを素直にそのまま、「メンアシ」と読んでみた。するとどうだ。ジュナガードとデリーを結ぶ東北線上に、注目すべき地名が現われるではないか。

この土地はバナースといって、ラージャスターン州南部を流れるチャンバル川（ガンジス川支流）の上流にあり、アハールやギルンドなどの先史遺跡がある。そこにはなんと、大規模な基壇を備えた建物跡や、直径約一メートルの柱穴をもつ住居跡から、大量の銅器と弥生土器によく似た土器が見つかっている。このバナースが、バヌアス→マヌアス→メヌアシ→メンアシと変化し、これに漢字を当てたものが「面足」となったのである。

それでは、面足の別名「穂千田」はどうか。

私は穂千田をそのまま「ホセンタ」と読んでみた。デカン高原の最北部にはハスティナープラという古代都市があるが、ハスティナの音を入れ替えるだけでホセンタに変身してしまうことは誰にでもわかるはずだ。

すなわち、第六代の高天原王バナース（面足）は、またの名をハスティナ（穂千田）といって、バナース川流域に産する銅をアハールやギルンドの工房で加工して大量の武器につくりかえ、これをガンジス川流域にもちこんでハスティナープラの大王となった。

ガンジス文明の都であったハスティナープラは、太古日本の王である面足命の都、穂千田（ハスティナ）に由来する都だったのである。

この節では『宮下文書』に登場する地名や神名が、アナグラム分析によりデカン高原の遺跡とどう対応していくかを検証した。ここでは偶然と呼ぶにはあまりにも的確な一致が存在することがおわかりいただけたことと思う。さらに詳細をお知りになりたい方は、拙著『謎の新撰姓氏録』をぜひお読みいただきたい。

## インドの〝天神族〟源流の地を行く

さて、私はサーンチーのあと、古代アヴァンティ王国の都ウジャインへ向かった。なぜなら、私はウジャインの王が『宮下文書』でいう「高天原世の天神」中、第四代の神・泥土煮であるという仮説を立てていたからだ。

つまり、こういうことだ。

『出雲国風土記』に登場する古代の出雲にあった〝雲出（うなで）〟という土地は、ウジャインUjjainのアナグラムであるUnjajiに雲（Un）、出（Jaji）という漢字を当てはめられたことで生まれた地名である。そしてもともと「出雲」という地名もウジャイン＝雲出が倒置しただけで、その起源はここにあるらしい。

そんなことから、私はアヴァンティの人々（カラ族）がのちに中国・日本に渡来して出雲王家をつくったのではないかと推測したのである。

ウジャインでの目的地はカリアード・パレス（カラ王の宮殿）だった。かつて宝石の都とも呼ばれ、紀元前八世紀から前三世紀にかけて比類ない栄華を誇った壮大な古城である。

しかし現地に行ってみると、カリアード・パレスは昔のおもかげをしのぶこともできないほど崩壊し、十七世紀のムガール帝国時代に再建されたとみられる城壁と宮殿の一部に、かろうじて古い彫刻石の残骸（ざんがい）が点在しているだけであった。

また、記録によればこの周辺は豊かな自然を誇っていたはずなのに、古城を取り囲むシプラー川の川床は無残なまでに干上がり、灼熱の太陽を浴びて水蒸気を漂わせるだけである。

さすがにここには何も残されていないだろう、順調だった調査も一段落かと思った。

ところが、落ち着いてよく見ると、城壁や宮殿の石の表面には、

「日本人そっくりの王女の像」や「力士像」「鬼瓦の原型」

などが彫刻されていて、そこかしこに私たちの祖先の足跡をしのばせるものが散在しているではないか。

さらに、驚くべきことに、日本に伝わる家紋とそっくりな模様が次々に見つかっていったのである。

まずは、島津氏ゆかりの「丸に十字」の家紋。また、菊の紋よりもさらに古い時代に使用していたとされる天皇家ゆかりの家紋。さらには、ここにも菅原氏の「梅鉢紋」が残されていた。

上段写真はカリアード・パレスの廃墟。そこにある模様（下段写真）は◇と▯の組み合わせによって「シバ」と読めることがわかった。中段（左）の少女像はどことなく日本人的な風貌が感じられる。また、同じく右は日本の力士を思わせる体型の石像だ

そして、ここでも、日本の古代文字は確認された。ボージプルと同じように◇と○、◇と□を交互に並べた文様があったのだ。神代文字についてちょっとした知識があれば誰でもわかることだが、これはトヨクニ文字のシ（[illegible]）とワ（〇）、あるいはハ（[illegible]）ないしバ（八）を図案化したものであることは間違いない。

さらに、「守(も)る」と読める文字や、「シバ祀る宮」と読める文字も見つかった。

これらの事実を結び合わせると、驚くべき結果が浮かび上がってはこないだろうか。

これらの事実が物語るもの――それは、かつてカラ王と呼ばれたウジャインの王が古代の日本人であり、ウジャインの人々は日本文字を使い、日本語を話していたことを意味している。また、ウジャインの町は日本人の町であったということになるのだ。

## シュメール伝説のウトナピシュティムは日本神話の天御中主(あめのみなかぬし)だった！

『宮下文書』は、紀元前八世紀頃インドのウジャインに高天原国家を築いた泥土煮(ういじに)のことを、「日本比古(にほんひこ)」と称えている。

最初のうち私は、日本という国がまだ誕生もしていない紀元前八世紀のインドに、なぜ「日本比古」が登場するのかわからなかった。泥土煮のことを日本比古と呼んだのはなぜか。〃日本〃という名称にはどんな秘密が隠されているのか、まったく見当がつかなかった。

が、『宮下文書』には泥土煮の祖先が、遠い昔、西の都に住んでいた天御中主(あめのみなかぬし)である、と記されている。

私はこの西の都とはシュメール伝説のウトナピシュティムがいたティルムンの都、おそらくはモヘンジョダロではないか、とこれまで推測してきたが、その謎解きの鍵は意外なことにアナグラムにあった。

つまり、ここに登場する泥土煮（ウジャイン）の国「日本」は、「ティルムン」のアナグラムで、ティルムンはティィムン〜ティプン〜ジプン〜ジッポンと変化したものに「日本」という漢字を当てはめたものと考えられるのである。

とすれば、シュメール伝説のウトナピシュティムが日本神話の天御中主と同一人物であることは、ウトナピシュティムUtnapistimのつづりが入れ替わったティンマティプシュTinmatipsuの母音変化形、テンミティプシュTenmitipsuに、天（ten）・御（mi）・中（tip）・主（su）という漢字を当てはめるとよくわかる。シュメール伝説のウトナピシュティムは、なんと我らの天御中主に大変身するわけだ。

ウトナピシュティム（Utnapistim）〜ティンマティプシュ（Tinmatipsu）〜

テンミティプシュ（Tenmitipsu）……

- ten ——→ 天
- mi ——→ 御
- tip ——→ 中

・su ――――▶主

## 東冥(とうめい)→東表(とうひょう)→東大国(とうたい)に隠されていたティルムン＝日本の証明

さて、このような解読結果をふまえると、第3章では文意のみを記した『契丹古伝』の「ティルムン」以下の部分も、アナグラム分析を通してうなずけるものとなる。

ティルムン――それは、かつて地球を襲った大規模な異変と洪水のあと、世界で最初につくられた神々の楽園だ。『契丹古伝』のなかには「東冥(とうめい)の国」「東表(とうひょう)の国」として登場する。この国は紀元前のはるか昔、アジアから世界を治めた「東大国」として知られるものなのだ。その国民は「タカラ」、民族は「シウカラ」（東の大いなるカラ族）と呼ばれ、偉大な王による統治のもと、人々は平和に暮らしていたというのである。

その東大国ティルムン、東冥、東表の国がかつての日本そのものではなかったか、と私が思うに至った大きな理由は、国の呼び名が言語学の法則によって同じであることに気づいたためである。

さきのティルムンから日本への変換――それは、日本人がル（r）の音をうまく発音できないことから、ティルムンがティムンと呼ばれたことに始まる。これが『契丹古伝』の「東冥（ティムン）」ではないか。また、ティムンのム（m）は、プ（p）に変わりやすいことは言語学的に確かめられている。ということは、東冥ティムンは、のちの時代にティプンと呼ばれた。

これが「東表（ティプン）」ではないか。

要するに、私たちの国「日本」は、ティルムンが、

ティルムン～ティムン～ティプン～ジプン～ジポン～ジッポン

Tirmun ～Timun ～Tipun ～Jipun ～Jipon ～Jippon

r脱落　m～p転

と変化したものに、漢字の「日本」を当てはめて誕生したのだ。そう考えれば、〝西の都〟もどこを起点としての西なのかがすぐわかる。このような根拠の詳細は拙著『謎の新撰姓氏録』に譲って、ここでこれまでのことを要約してみることにしよう。

まず第一に、以上のアナグラム分析の結果から、私たち日本人の遠い祖先は伝説の大洪水を生きのびたウトナピシュティムであり、日本とはウトナピシュティムがかつて住んでいた「太陽の昇る国」「川々の河口」にあったというティルムンだった、ということがわかった。

とすれば、日本神話の泥土煮が「日本比古」と呼ばれたのは、おそらく彼がインダス川の河口に住んでいた私たちの祖先をウジャインに移住させて、その地にティルムン（＝日本）を再建したからだと思われる。

また、日本の古代文字がウジャインやサーンチー、バンパトケヤ山、ボージプルの各地で見つかり、しかもその文字がインダス文字と似ているということは、国常立や泥土煮に率いられた私たちの祖先が、インダス川流域からデカン高原へ、モヘンジョダロからサーンチーへ、ウ

ジャインへとやってきて、インダス文字文化を広めたからではなかったかと考えられる。

したがって、実際にインダス文字が日本の古代文字で解読できたとしたら、天御中主（＝ウトナピシュティム）がいたティルムンの都はモヘンジョダロであった、ウトナピシュティムのいたティルムンの国はインダス国家であった、といってよいことになる。

## インダス人が日本人の祖先だったことを示す祈りの言葉「生命（いのつ）永（と）遠（は）な在（あ）れ」

はたして、インダス文字は日本に伝わる古代文字の知識で読めるのか、読めないのか。これは、非常に重要なことだ。早速試してみる価値がある。

まずは163ページの写真のような印章に刻まれた文字にチャレンジしてみよう。

この印章には、ユニコーンとみられる動物の頭上に五つの文字が刻まれている。これらの文字をトヨクニ文字（67ページ図5参照）で読んでみるとどうだろう。

まず、左から二番目の文字は、トヨクニ文字のト（〓）か、ツ（〓）に相当するように見える。三番目の文字はバ（八）かハ（〓）であるらしく、四番目の文字はナ（〓）であるらしい。

そして五番目の文字は、トヨクニ文字に見当たらないが、この文字と混用してよく使われるアイヌ文字（103ページ図9参照）のレ（〓）に似ている。

そこで左端の文字を除いて、ひとまず読んでみると、トバナレかツバナレ、トハナレ、ツハナレと読める。そしてこれらの音のうち、トハナレが「永遠なれ」に最も近いことがわかる。

| 原文 |  |
|---|---|
| 変形過程 | 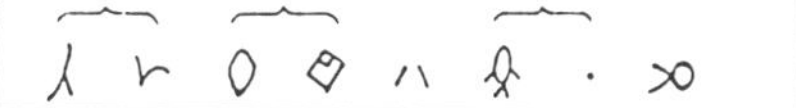 |
| トヨクニ文字 |  |
| 読み方 | イ　ノ　ツ　ト　ハ　ナ　ア　レ |

| 原文 | 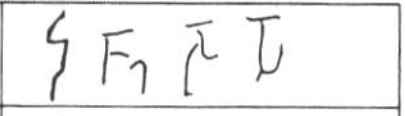 |
|---|---|
| 変形過程 | 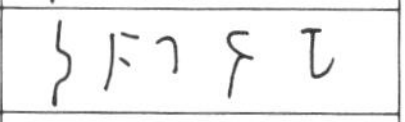 |
| トヨクニ文字 | 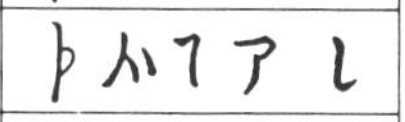 |
| 読み方 | ト　ハ　ナ　ア　レ |

モヘンジョダロから出土した印章。ここには、インダス文明の建設者が日本人であったことを示す祈りの文句が刻まれている——その文章を中段のように解読すると「生命永遠な在れ」と読むことができる。また、下段のボージプルで見つかった刻文をトヨクニ文字で解読すると、やはり「永遠な在れ」という祈りの言葉となった

また、トヨクニ文字は合体字として使われることもあるので、左端の文字をイとレに分解してみると、それぞれイ、ノと読める。二番目の文字はツ、トと読める。そして四番目の文字はトヨクニ文字のナに加えて、アイヌ文字のア（・）が加わっていると読める。

音の配列をもう一度考えてみると、この印章には、どうやら「イノツトハナアレ」と書いてあるらしいのだ。その意味は「生命永遠な在れ」ということである。

「生命永遠な在れ」――どこかで聞いたことのある言葉ではないか。そうだ、あのボージプルのシバ寺院にあった祈りの言葉と同じだ。

ということは、シバ神に同じ祈りを捧げたインダス人は、間違いなく私たち日本人の祖先だったといえるのではないだろうか。

## 鍵を握るウジャインのカラ族が残した神代文字碑文

私はモヘンジョダロやハラッパーから出土したインダス文字の印章をいくつか読み解いていくうちに、日本人の祖先は、紀元前八世紀頃、インダス川の流域からインドのデカン高原に移り住んだ事実を突きとめた。

インダスの印章には、「生命永遠な在れ」のほかにも、古代の日本語で、

「愛（め）で給（たま）え」

「嘉（よみ）し給え」

シバ神を表わしたインダスの印章（右写真）とそこに刻まれた文字を中心とする分解模写（下図）

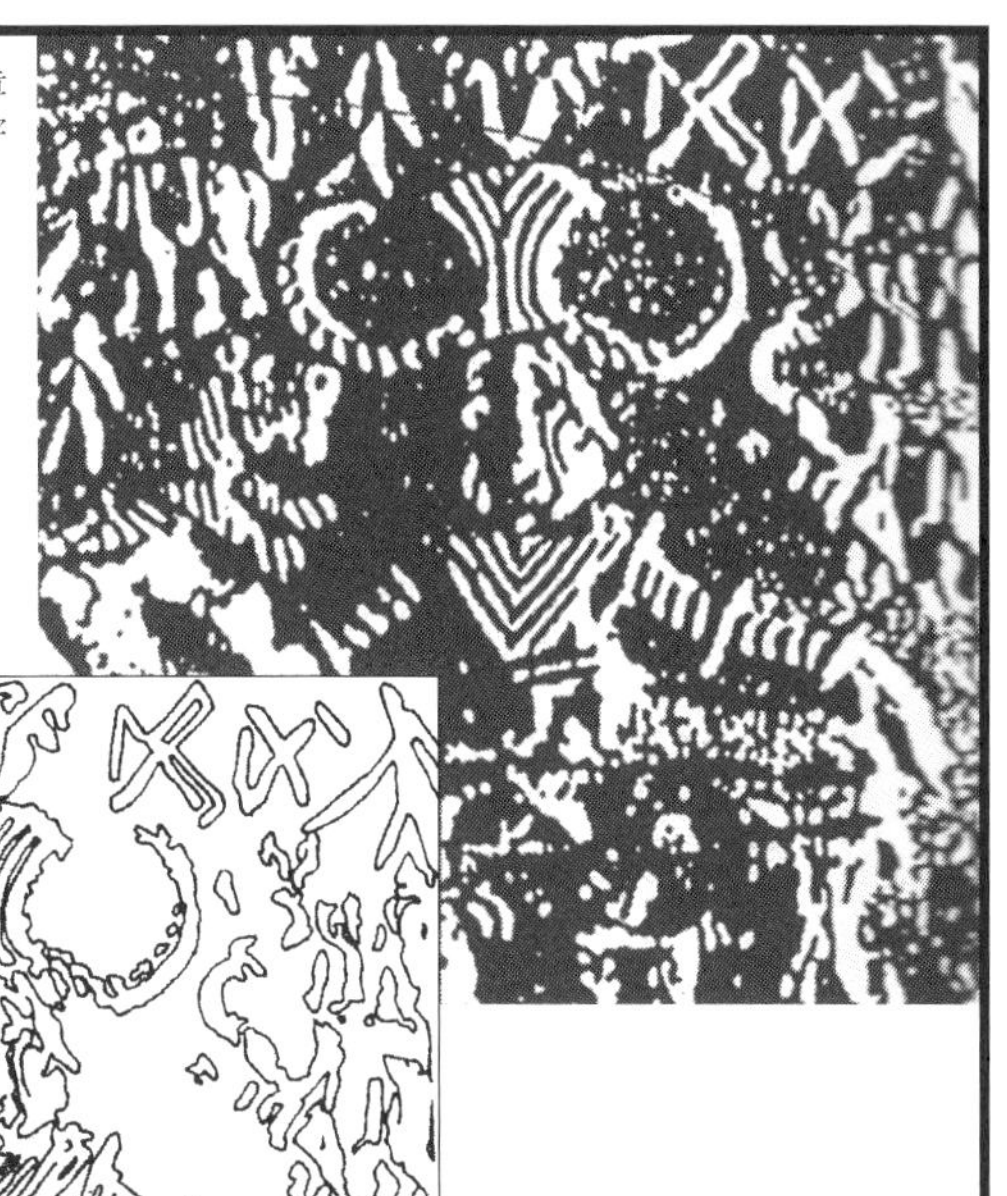

| 印章文字 | |
|---|---|
| 変形過程 | |
| アイヌ文字 | |
| 読み方 | ヘマタ　ムナオ　エカサニル　ク |

上の解読過程　＊右から読む

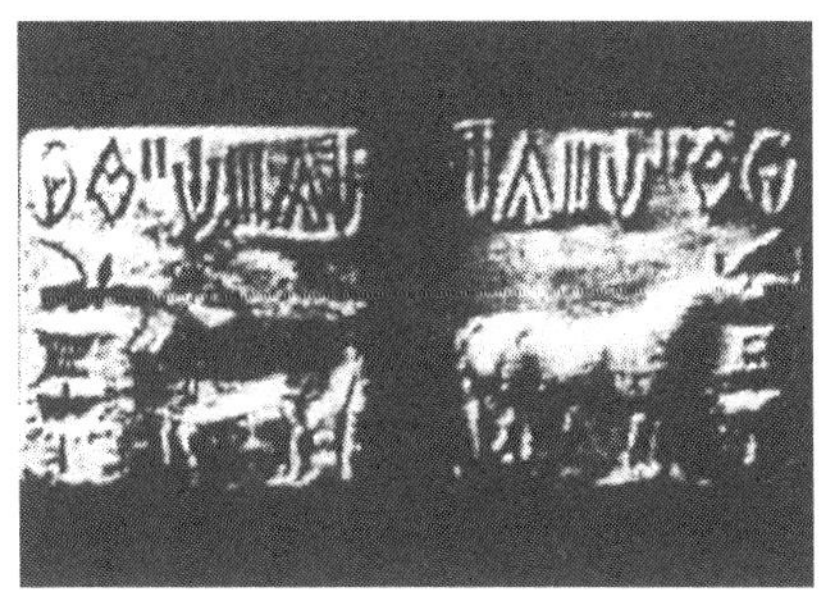

さまざまなインダスの印章

「勝たせ給え」
「ラタ（神々の乗り物）守(も)り給え」
「祝い祭らなん」

などと書かれたものがあった。インダス文字が日本の古代文字で読め、しかも日本語ではっきりと意味をなすということは、いったいどういうことなのか。

それはモヘンジョダロやハラッパーに、かつて私たちの祖先がいたことやインダス文明の建設者が日本人であったこと、そして彼らがティルムンと呼ばれたインダス国家をあとにして東方へ移動したこと……そういったことを物語っているのではないだろうか。

これまで多くの考古学者は、165ページの写真に見るようなインダスの印章がシバ神を表わしたものであるということで意見が一致している。が、このシバ神の頭上に刻まれた文字が読めなかったため、それ以上のことはわからなかった。

ところが、さきにもみたように、日本の古代文字の知識があれば、この印章には、

「クルに栄えをなむ賜え」

と書いてあることがわかるのだ。

印章の右端に刻まれた文字は、図解でもわかるとおり、アイヌ文字のク（ ）と同じもので、その隣の文字はアイヌ文字のル（ ）かレ（ ）に相当する。

つまり、この印章には「クル」か「クレ」と読める文字が記されているのである。

クルといえば、読者はただちに『マハーバーラタ』の英雄を生み出したインドのクル（カラ）族を思い浮かべ、カリアード・パレスにいた泥土煮王、すなわちウジャインのカラ王（クル王）を思い出されるかもしれない。さらに前にもふれたが、ここに記されたクレが、『日本書紀』に〝呉人〟として登場する高句麗人や中国の江南地方にあった呉（久留）の国の人々と何か関係があるに違いないと思われるかもしれない。

確かに、そのとおりである。この印章はモヘンジョダロにいたインダス人がみずからをクル（カラ）族と呼び、シバ神に対してクル族全体の繁栄を祈ったことを意味しているのである。そして、モヘンジョダロの印章に私たちの祖先がクル（カラ）族として登場するということは、さらに次のような重大な意味をもっている。

つまり、インダス川の流域を中心にかつてエジプト文明やシュメール文明以上の広がりをもつティルムンの国をつくりあげた私たち日本人の祖先は、世界最大の叙事詩『マハーバーラタ』にその栄光と悲劇的な末路をうたわれたインドのクル（カラ）族であり、さらには古代ギリシアの『エリュトラ海案内記』（注18）にその後の繁栄ぶりを記されたウジャインのカラ族そのものであった、ということである。

## バージャ石窟にはっきりと残されていた「カラ」の銘文

紀元前のインドにいた私たちの祖先は、前六世紀以降、北の仏教徒と南のヒンドゥー教徒に

注18：１世紀のなかば頃、ローマ帝国の航海者によって著わされたインド洋（エリュトラ海）の航路の案内記。インド各地の産物を紹介し、取引地への道順や最適航路などを示している。

分かれてしだいに別々の道を歩みだすまで、ともに熱心なシバ神崇拝者だった。

このことは、先に取り上げたインダスの印章にシバ神が描かれているのを見ても、また、インドの古いヒンドゥー教寺院に祀られた御神体（シバ・リンガム）の表面に刻まれた[illegible]という文様が、日本のトヨクニ文字のシ（♀）とバ（八）を合体させてシバを表わしたものであることを見ても、はっきりしている。

ウジャインのカリアード・パレスに「シバ祀る宮」がつくられ、サーンチーの南のボージプルにインド最大のシバ・リンガムが安置されたことは、紀元前八世紀にインドのデカン高原を治めた泥土煮王と沙土煮（すいじに）女王が熱烈なシバ教徒だったことを、また、前三世紀までインドの歴史に輝かしい足跡を残したアヴァンティ王国が、インドでも最大のシバ信仰の中心地だったことを意味している。

だが、それにしても、古代ギリシアの船乗りにまでその繁栄ぶりを知られた我らの〝宝石の都〟、ウジャインが滅びたのはなぜだろうか。

シュメール伝説のティルムンの都、モヘンジョダロがアッシリヤないしアーリヤ人の軍隊によって破壊されたあと、デカン高原のウジャインに移って新しいティルムンの国、アヴァンティ王国を建設した私たちの祖先は、その後どんな事情でウジャインを放棄しなければならなくなったのだろうか。紀元前のインドにいた私たちの祖先は、アヴァンティ王国の滅亡後、どこへ去って、どういうルートで古代の日本列島にたどり着いたのだろうか。

バージャ石窟寺院の入り口

バージャの第12窟・チャイティア窟

私はカリアード・パレスの廃墟をあとに、次の目的地であるデカン高原の洞窟寺院へ向かう途中で、このようなことを次々に考えていた。

そして、私がインド第二の都ムンバイの南にあるバージャとカールラの石窟を目ざしたのは、そこにインド最古の仏塔を収めた洞窟があるらしい、もしかしたら〝カールラ〟は私たちの祖先の呼び名〝カラ〟と関係があるかもしれない、と思ったからだった。

ムンバイの南東およそ一二〇キロの西ガーツ山中にあるバージャ洞窟とカールラ洞窟は、アヴァンティ王国が滅んだのと同じ紀元前三世紀頃につくられたとみられる。とすれば、そこに私たちの祖先が南下したことを示す痕跡が残っているのではないか……。

これは私にとって賭(かけ)だった。が、結果は予想以上の大収穫だった。なぜなら、私はバージャの石窟で、またもや日本の古代文字を見つけただけでなく、字体を異にする三つの意義深い銘文を確認できたからである。

バージャ第十二窟の南、およそ五〇メートルのところにある十四基のストゥーパの一つに、アイヌ文字で「カラ」と読める銘文が刻まれていたことは、明らかに私たちの祖先カラ族が、ウジャインからこの地に南下したことを示していた（171ページ写真参照）。

## 今よみがえるインダス文明を担った古代日本のカラ族の歴史

バージャで日本の古代文字であるアヒルクサ文字やトヨクニ文字が刻まれていたことは、こ

バージャ第12窟の近くにあるストゥーパには、その表面にアイヌ文字で「カラ」と刻まれたもの（上）や、トヨクニ文字で「死にて祈る」と記されたものがある

の文字を記したのが間違いなく、古代のインドでみずからを「カラ」と呼んでいた私たちの祖先であることを示していた。

　そしてこの文字はまた、バージャから六キロ離れたところにあるカールラ石窟をつくったのも、カラ族であることを意味していた。

　バージャ第十二窟のストゥーパ群からさらに五〇メートルほど南へ行ったところにある石窟の壁面に彫られた戦士像の顔立ちは、どれを見ても日本人そっくりだった。

　バージャ石窟の「バージャ」という地名は、トルコ語の将軍やアラビア語の将軍を意味する言葉とかかわりの深い古代の高句麗語で、将軍を意味するピーシャ（沛者＝もとは祭司の意）という言葉に由来している。

　とすれば、さきの十四基のストゥーパの一つに、「死にて祈る」という言葉が記されていたのは、この地で敵と戦って亡くなったカラ族の十四人の将軍たちに、私たちの祖先が哀悼の意を表して残したものに違いなかった。

　私は、バージャ石窟群のなかでもいちばん大きい第十二窟の天井部の梁（はり）に、「室守幸（むろもりさき）ははめ」（この石室を守る者に幸いあれ）と書かれた銘文があるのを見つけた。

　その文字は、紀元前三世紀なかばのアショーカ王時代に使われたインド最古の古代文字、カローシュティー文字やブラーフミー文字では読めないため、これまで未解読文字とされてきたものだった。

| 原文 | |
|---|---|
| アヒルクサ文字 | |
| 発音 | メハハ　キ　サ　リ　モ　ロ　ム<br>＊右から読む |
| 意味 | めはは　幸　守　室 |

「室守幸ははめ」の銘文が見つかった第12窟の天井部の梁

ところが、この銘文は日本の由緒ある家系や神社に古くから伝わるアヒルクサ文字で読めるのだ。

バージャの石窟にこれらの銘文を残した私たちの祖先は、どうやら紀元前三〇〇〇年頃、デカン高原に侵入してきた敵と戦いながら、アヴァンティ王国の栄光を守ろうとしたカラ族の精鋭部隊だったらしいのだ（インド最古の文字がアヒルクサ文字から派生したもので、アヒルクサ文字が中国・殷(いん)代の甲骨文字の草書体として数千年前から使われてきたことは、すでに述べた）。

## インド古代史と日本古代史がついに一致した！

バージャとカールラの石窟群は、東西約一〇キロ、南北約一五キロの楕円形の盆地を囲む、標高七五〇メートル前後の山々の要所にある。周囲の山の形は、いずれも山頂がテーブル状やピラミッド状に整っていて、高さもほとんど同じだった。

この山々は古代のカラ族にとってどんな意味をもっていたのかと、再びバージャの石窟の南にそびえるテーブル状の山を見上げれば、数キロ先からは平らな山の頂きと見えたものは、まるで万里の長城のようにえんえんと続く古代の要塞の跡だった。

現地でロハーガル（強大な城）、ヴィシャールガル（巨大な城）と呼ばれているバージャの要塞は、確かにこの地にかつて強大な王がいたことを示していた。しかし、その王が迎え撃った敵とは、はたして何者だったのだろうか。

デカン高原（高天原）のテーブル・マウンテン

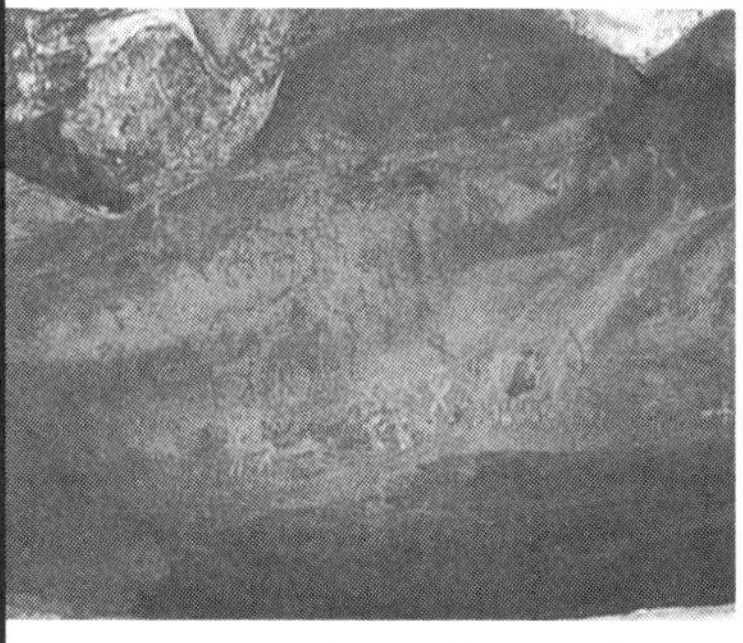

バンパトケヤ山に残された戦闘図。日本人の祖先・カラ族と侵略者との戦いを描いたものか

バージャ石窟寺院の近くにある巨大な要塞跡

それは、もしも私の年代推定が正しいなら、古代のインドとオリエント世界の歴史をまたたくまに書き替えた、あのアレクサンダー大王か、彼の後継者セレウコス・ニカトールではなかったか。

インドの古代史は、紀元前三二七年にインドに侵入してきたアレクサンダー大王の軍隊を目撃した少年チャンドラ・グプタが、その後まもなくナンダ朝マガダ国を倒してマウリヤ朝マガダ国を興し、西の強大なアヴァンティ王国を滅ぼしてインドを統一したと語っている。

そして彼は、シリア王ニカトールと姻戚関係を結び、デカン高原南部に軍隊を送ってアヴァンティの遺民を征服しようとした、とも伝えている。

その間の事情は、ニカトールの使者として紀元前三〇四〜前二九二年までマガダ国にいたギリシアの歴史家、メガステネスが残した『インド誌』に詳しく記されている。

この当時のインドの情勢が、日本人と深くかかわっていることは、日本の史書をアナグラム分析することによって明らかになる。

『古事記』と『日本書紀』によれば、御肇国天皇といわれた御真木入日子なる崇神天皇は、蘇那葛叱智と図って大毘古の娘を妻とし、鵜濡渟の国にあった出雲の神宝を手に入れようとしたと伝えられている。

が、今や私の本を読まれた方なら、この御真木入日子とはチャンドラ・グプタのアナグラム（真御入木日子）であり、蘇那葛叱智は、メガステネスのアナグラム（葛叱智那蘇）であるこ

カールラ石窟寺院の外観（上）と同内部（下）

とに気づかれるだろう。同様に崇神天皇の義理の父親になった大毘古を大（な）古（こ）田（た）比（ひ）と並べ替えてみれば、ナコタヒはチャンドラ・グプタの義理の父親になったニカトールとぴったり一致する。

ということは、大毘古が西道の国に派遣した鬼退治の軍隊が、ウジャインの王（出雲の鵜濡渟王）の宝を求めたニカトールの軍隊であったことを意味している。

崇神の都の神浅茅原（かむあさじがはら）（＝かんせんぼうぱら）はマガダの首都クスマプラと一致しているだけでなく、記紀の記述がアナグラムで神話化されていることは確かである。

そしてこの崇神天皇の例だけでなく、それ以前の神武（じんむ）から開化（かいか）に至る九代の天皇についても、彼らがマウリヤ朝以前のナンダ朝マガダ国の九代の王としてインドに実在したことが確認できるのだ。

今回、私の旅は日本神話の高天原がインド・デカン高原だったことや、インダス文明の真の建設者が原日本人だったことを明らかにした。

しかし、アヴァンティのカラ族のその後の運命や、日本にどのように渡ってきたかなど、まだまだ謎の部分も多く残されている。それは、私たちのこれからの調査で、徐々に解いていかなければならない大いなる謎なのである。

第6章

# 太古日本の王は世界を治めた

## ——実在した！ 幻の東大国ティルムンの王

## 原日本人・カラ族の足跡を求めて

一つの旅の終わりは、また別の旅をうながす。一九九〇年十月中旬から下旬にかけて、私はインダス文明の遺跡調査を中心にパキスタンに出かけた。

前回の調査で、インド・デカン高原の遺跡に残された紀元前三世紀頃の碑文のいくつかが、日本の神代文字で読み解けたことから、私は「インダス文明の建設者は日本人の祖先ではなかったか？」と考えるようになった。

そして、今回の調査は私のこの考え（仮説）を確かめるのがおもな目的であった。ここで結果をさきに述べるなら、私は期待以上の成果をあげることができたのである。私は遺跡調査のかたわら、アフガニスタンに近いパキスタン北部の国境都市ペシャワルを訪問した。

その際、そこに紀元前から伝わるサンスクリットの聖典『リグ・ヴェーダ』に記されたインダス川上流地帯の古い歴史に興味を覚えた。とりわけ『リグ・ヴェーダ』に登場するスダース王のことが気にかかったのである。

ヴェーダとはヒンドゥー教の聖典で、サンスクリット語で「(優れた) 知」「学問」を意味する語である。これらの聖典が文書として記録されたのはずっとのちのことであるが、世代から世代にわたって口承で何世紀も受け継がれてきた。

最も古い部分は紀元前八世紀、アーリヤ人（アッシリヤ人）がインド北西部に侵入し、ガンジス川沿岸に住みついた時代にまでさかのぼる。最も新しい部分でも、紀元前三世紀よりやや古いとみられる。いいかえれば、ヴェーダはおのずから〝歴史の証人〟といえるものになっているのだ。

さて、その『リグ・ヴェーダ』には、次のような記述がある。

……胸郭たくましき人々は、牛の群れを求めて東方に赴けり。

ダーサ（先住民）ならびにアリアン族なる敵を倒せ、インドラ・ヴァルナ（英雄神、秩序の神）よ、スダースを支援もて助けよ。（世界古典文学全集3『ヴェーダ』筑摩書房刊）

ここには、インダス川上流でアリアン族、すなわちアーリヤ人に劇的な勝利をおさめたクル族の英雄スダースという人物が登場する。

このスダースは、インドの叙事詩『マハーバーラタ』でも、またの名をクル族と称したバーラタ族の王だ。

さて、私はインド・デカン高原の遺跡調査で、日本の古代文字とインドの古代文字が一致することを確認して以来、このバーラタ族、すなわちクル族が、紀元前にインド・デカン高原で活躍した日本人の祖先ではないかと考えていた。そして、第3章でふれた『契丹古伝』にそれを裏づけるものがあったのである。

その記録では、太古のいつの頃か、スサダミコなる王がいて、畢識耶（ぴしゃ）の都から世界を統治したと伝えている。畢識耶とは、もしかしたら今のペシャワルのことではないのか？　そして、もしスダースとスサダミコの二人が同一人物だったとしたら、東大国の大王スサダミコは歴史的に実在した王ということになるのではないか——私は、こんな仮説をもとに史書や碑文をたどってみれば、そこに失われた大国の姿が垣間見えるのではないか、と思った。

## 太古日本の真相を明かす『契丹古伝』の〝三つの秘史〟

『契丹古伝』は前述したように、西族（漢人（あやひと）／アーリヤ人／アッシリヤ人／アトランティス人）によって書き替えられた虚構の歴史を元どおりに復元しようとしたものだが、私たちにとってはさらに、奈良時代以前の日本のことを知るための最も貴重な資料の一つとなっている。たとえば『契丹古伝』に引用された日本の史書として、『汗美須銍（かみすち）』『秘府録（ひふろく）』『西征頌疏（さいせいしょうしょ）』などがある。

しかしこれらの書物は、いずれも白村江の敗戦以前に書かれた史書とみられるものの、当の日本ではわずかな写本が残っているだけで、今ではその存在を確認することができないのだ。

しかも『契丹古伝』のそれらから太古日本の真実の歴史を読み取ろうとするには、神話や伝説を読み解く際の手がかりともなるアナグラムの手法が大いに必要とされる。

さきにも述べたとおり、アナグラムとは古代世界ではよく用いられた手法で、実際にあったことを神話化するために固有名詞のつづりを入れ替えるもので、一定の音韻変化の法則がある。古代の人名や地名は意図的にアナグラムで変化させたものが多いから、古代の文献を研究する

アソタの風景

ペシャワルの風景

とき、アナグラムの知識は欠かすことができない重要なものだ。

私は、このアナグラムを駆使して『契丹古伝』に収められた『汗美須銍』と呼ばれる古代の文献を読み解いてみた。その結果、スダースとスサダミコは同一人物で、歴史的に実在した王だったのではないか、ということをますます強く確信するようになった。

たとえば『汗美須銍』には、次のようなことが書かれている。

> その昔、我々の神祖スサダミコは鞅綏韃(あそた)の地に都を定め、その地を畢識耶(ぴしゃ)と名づけた。そこは神京(神の都)であった。そしてシャージキのシャーンキヤー王に命じて、この都を治めさせた。

詳細は略すが、一般によく知られている日本神話のスサノオは、三人の人物の話を一つにしてつくられたとみられる。そして、どうもここに登場するスサダミコは、その原型となった人物の一人であるらしい。

そうした人物が都を定めたという鞅綏韃は、同音の地名がパキスタンにあり、遺跡も確認されている。そして、畢識耶はパキスタンのペシャワルと推測できるのである。なぜなら、当地では〝ワル〟は「都」を意味する語であり、同じく「神」は〝ピシヤ〟、合わせて神都(神京)ピシヤワル→ペシャワルだ。また、シャージキというのは、ペシャワルに実在した町の名である。『汗美須銍』にはさらにこう書かれている。

> また、シラヒゲ王に命じて戞牟駕(かむか)に居(お)らしめ、その地を高墟(こうきょ)と名づけた。ここは仲京と

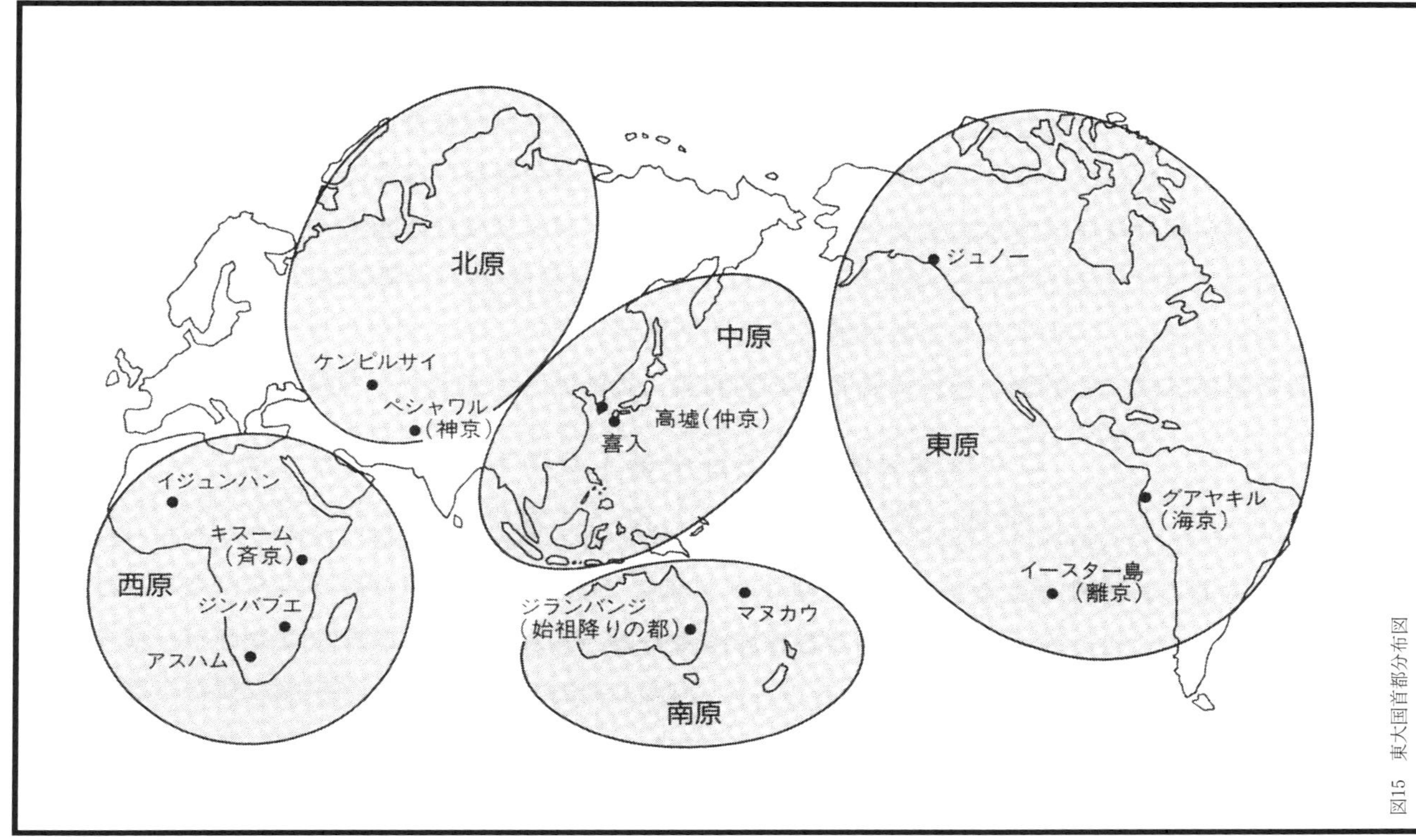


図15　東大国首都分布図

呼ばれた。

このカムカ（戞牟駕）はアナグラムで、カムカ（日迎）→ムカヒ（迎日）となる。ということから、これは韓国の迎日湾地区と考えられる。

仲京――これはあとに出てくる海京と斉京を結ぶ大円軌道上に位置するため、こう呼ばれたのだろう。このようにして、『汗美須銍』に書かれた地名をアナグラムで解読し、現代の地名に当てはめていくと、地図上に当時の都の跡が具体的に浮かび上がってくる。

## 古代アフリカ、アジア、アメリカ、オセアニア一帯を治めた神祖スサダミコ

さらに『汗美須銍』から引用してみよう。括弧内はアナグラムから明らかになった現在の地名である。

コトパクシ神に命じて覚穀啄剌（エスメラルダス＝エクアドルの海沿いの町）に居らしめ、その地を節覇耶（グハヤス）と名づけた。グハヤスの港、グアヤキルは太平洋航路の重要拠点だったので、海京と呼ばれた。

また、アスハム神に命じて撫期範紀（ムグンルク＝ケニアの南西部の町）に居らしめ、濆洌耶（ヒラックス）と名づけた。ヒラックス・ヒル（丘）一帯は聖地となり、斉京（キスムース＝ムグンルクのそばの町の名）と呼ばれた。

彼はキリコエ王に命じて巫軻牟（ボゴング＝オーストラリア東南部の山）を治めさせ、

その都を芝辣漫耶（ジランバンジ＝オーストラリア東部）と名づけた。

ジランバンジは神祖スサダミコが最初に降り立ったので始祖杜と呼ばれた。

また、キリコエ王は然矩丹（ハンガヌイ＝イースター島）に宮殿を建てて住んだ。……

この地は神の都から最も離れた地にあったために離京と呼ばれた。

以上が『汗美須銍』のおもな内容である。ここに書かれてあることをまとめると、古代アフリカ、アジア、アメリカ、オセアニア一帯を治める大国（これを『契丹古伝』は東大国と呼んでいる）が存在し、神祖スサダミコが支配していた、ということになる。

さきの『リグ・ヴェーダ』と、この『汗美須銍』の記述を重ね合わせると、カラ族あるいはクル族と呼ばれる日本人の祖先が〝東大国〟という世界規模の王国を建設し、その王はこれら五つの大陸をまたにかけて活躍していたという姿が浮かび上がってくるのである。

## 大王スサダミコと原日本人カラ族の「五原」（五大陸）統治

また、もう一つの史書『秘府録』にも、スサダミコがアジアを中心にアフリカからオーストラリア、アメリカ大陸にまたがる広大な土地をカラ族のために確保し、これを五つの地域（「五原」）に分けて治めたことが記されている。五つの地域の首都は次のようなところにあったというから、範囲もおのずからわかってくる。これもアナグラムでわかった現在の地名を記そう。

・中原――淇伊楽（喜入・九州）

・北原――熹柵房(きざふ)（キザハ・カザフ）
・西原――峋馬姑(じゅんばおば)（ジンバブエ・アフリカ）
・南原――藐枏崤(ばなかう)（マヌカウ・ニュージーランド）
・東原――峋羊姑(じゅんようば)（ジュノー・アラスカ）

そして、『秘府録』を私なりに解読してみた結果、次のような五つの地域の状況もわかってきたのである。

北原と呼ばれた中央アジアには、遊牧民族のマッサゲタイ人と狩猟民族のイユルカイ人がいた。西原と呼ばれたアフリカ大陸には、穴居民族のギリガマイ人とティブー人がいた。中原の東アジア地域には、アイヌとコロポックルが住み、南原のオセアニア地域には、マオリ人とパプア人がいて農業を営み、東原にはジェー語族とコリャ族がいて、海洋漁業にいそしんでいた。

これらの先住民は東大国の国民になったとき、いずれもスサダミコの教えに従い、忠実に義務を果たした。

また、スサダミコはこの広大な地域を五人の長にゆだねると、みずからはコマカケ（高天使鶏）と呼ばれる空艇に乗って天空の安全をはかり、大海原を航海する人々の安全をはかって東大国の民に末永い平和と繁栄を心がけるように指示したという。

〝東大国〟の物語は実に壮大だ。が、にわかにその存在を信じよ、といわれても無理な話だろう。そもそも、私たちの祖先がかつてヨーロッパ以外の世界各地で活躍していたという話など、今まで聞いたことがないのだから。

また、史書に書かれてある都市の名が、アナグラムで現在の地名と一致したからといって、それは歴史を裏づける確実な材料とはならない。実際に遺跡や伝説、古代文字などと対応しなければ信憑性（しんぴょう）がないのは当然だ。

では、『汗美須銍』や『秘府録』に伝えられた都市に、問題の遺跡や古代文字が残されているのだろうか。

## エクアドルでの縄文土器発見が意味するもの

ここでは東大国の都のすべてについて述べる余裕はないが、たとえば『汗美須銍』のなかで「海京」として登場する南米エクアドルの都市グアヤキル。このグアヤキルの近くから出土したバルディビア土器が、縄文土器と多くの点で一致していることが、アメリカ・スミソニアン研究所の調査で確認されている。

さらにバルディビア遺跡北方のエスメラルダスからは実際に遺跡も発見され、かつてこの地域にカラ族の古代都市があったことが判明した。

また、エクアドルとペルーには、その昔、イカダの大船団を組んで太平洋のかなたから渡来したというカラ族の王、ステルニの話が伝承されている。一方、日本の伊勢熊野地方では、常（とこ）

世の国を目ざして船出した人々の話やその王とみられる〝ステルニ〟の名を刻んだ石碑が実在する。そして、南北アメリカ大陸の各地には、今も日本人そっくりで日本語によく似た言葉を話すフルニオ族（ブラジル東部）やクリー族（アラスカ南部）がいる。

これらの事実が意味するものは何か？

史書の解釈だけではなく、各都市を結ぶといくつかの共通点があることを発見した私は、『汗美須銍』や『秘府録』はもしかしたら『古事記』や『日本書紀』にも伝えられなかった日本人の遠い祖先（東大国のカラ族）の歴史を記したものではないだろうか、と思うようになった。

## アフリカ古代碑文にも登場する〝スダス〟（＝スサダミコ）の神代文字

さらに『契丹古伝』に登場する三番目の史書『西征頌疏』。これには次のような記述がみられる。

神祖（スサダミコ）まさに西に征せんとす。……ここにおいて怒洌央太を済り、斐伊峋倭の岡に到り、都す。けだし、怒洌央太は西海の名なり。斐伊峋倭は西陸塞日の処なり。

この斐伊峋倭は、従来の研究者が中国大陸の山東半島にあるとみなしてきた土地だ。しかし、山東半島は夕日をのみこむ大陸の西の果て（西陸塞日の処）にあるとはとても思えない。しかも、そこには斐伊峋倭の地名に該当するような古代都市の遺跡もなければ、記録を裏づける古

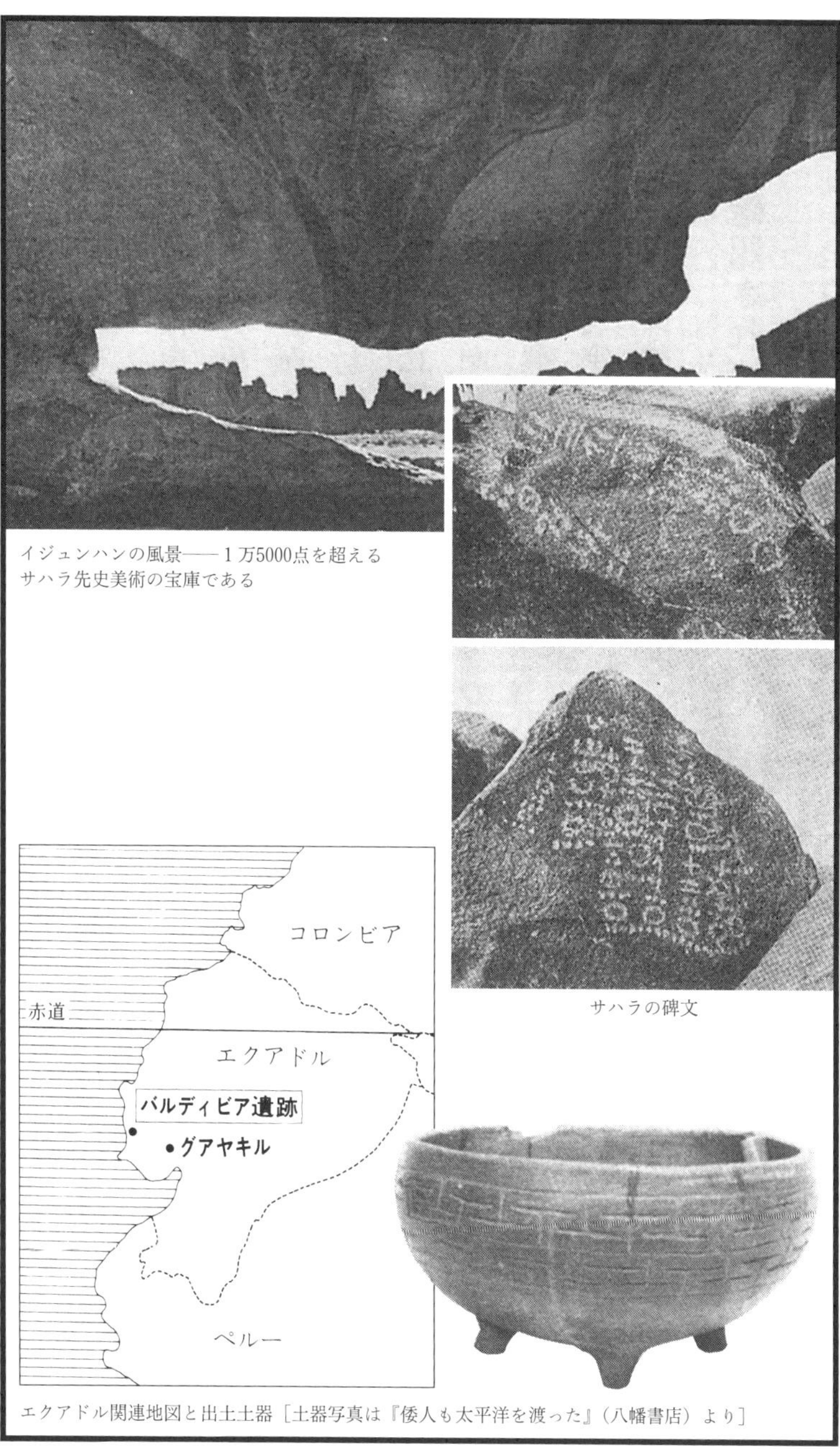


イジュンハンの風景――１万5000点を超えるサハラ先史美術の宝庫である

サハラの碑文

エクアドル関連地図と出土土器［土器写真は『倭人も太平洋を渡った』（八幡書店）より］

代碑文や伝説すらない。

ところが、斐伊峋倭を文字どおり西の大陸のさいはての地、夕日の沈むアフリカ大陸の辺境地方に求めるなら、アルジェリアにあるサハラ先史美術の宝庫として世界的に有名なタッシリ遺跡の南に、斐伊峋倭の元の地名とみられるイジュンヒイン、すなわちイジュンハンがある。そこはマリ共和国の北東部、アドラール・デ・ジフォラス地区だ。

イジュンハン郊外の丘のふもとには今も廃墟と化した巨石づくりの都市があって、その都市はサハラ砂漠の遊牧民から、彼らの伝説の都タデメッカの跡だと信じられている。

そして、何よりも興味深いのは、イジュンハンを含むアドラール・デ・ジフォラス地区に残された大量の古代文字碑文が、日本に伝わる神代文字とよく似ていて、実際にそれらを解読してみると古代の日本語として意味をなすことである。

## 世界各地で確認され始めたスサダミコの足跡

私は、大阪大学の木村重信名誉教授が採集したサハラ各地の碑文を自分なりに読み解いてみて驚いた。なぜなら、そこにはタルハカという王の名やスタス、あるいはスダスと読める英雄の名が何度も登場するからである。

『汗美須銍』や『秘府録』に〝神祖〟として登場するスサダミコが西アフリカのイジュンハンでも活躍したスダスと同一人物だとしたら、これもまた同様に、〝東大国〟の存在を裏づけることになるのではないだろうか。
イジュンハンの碑文には、スダスがタルハカとともに北アフリカの敵を追い払い、この地にやってきたことや、その後アフリカの同胞を率いて東方へ旅立ったことが記されている。そしてこのタルハカは、サハラ砂漠の碑文にその名をとどめる、エチオピア出身のエジプト王で、紀元前七世紀の初めに実在した人物なのだ。

ここで、スサダミコという名前の意味を考えてみると、ミコは古代の日本で「王」を表わす尊称だから、スサダミコはすなわちスサダ王となる。さらにスサダの音が入れ替わったスダサは、イジュンハン碑文のスダスが訛ったものと考えられないだろうか。

もしこれが正しければ『汗美須銍』などの史書に登場するスサダミコは、アフリカで活躍した英雄スダスと同一人物となる。

ということは、何を意味するのか。つまり、これまでその実在性が疑われてきた東大国王スサダミコのモデルは、イジュンハンの英雄スダスであり、その彼がイジュンハンに巨石都市を築いたのち、東方へと旅立ち、世界各地に都市を築いた、ということになるのではないか。

いいかえれば、イジュンハンの英雄スダスとしてアフリカに足跡を残した東大国王スサダミコは、『リグ・ヴェーダ』のスダース王でもあり、アリアン族（アーリヤ人）と戦いながら、東方の地にクル族を導いた人物ということができるのではないか。

つまり、スサダミコはサハラからインダスに大長征を敢行し、宿敵アリアン族に勝利して畢(ぴ)

識耶（ペシャワル）に神都を築いたのだった。

インダス文明を築いたドラヴィダ人は地中海人種といわれ、また当時はクル族と呼ばれていた。今では、ドラヴィダ人は地中海地方からインドへ来たことがほぼ定説となっており、アフリカからスダスがやってきたとしてもなんら不思議はない。

『汗美須銍』や『秘府録』に記された〝東大国〟。その首都、畢識耶（ペシャワル）をはじめとする主要都市。そして『西征頌疏』に記されたアフリカのイジュンハン。イジュンハンの碑文に記されたスダス王の物語。さらにインドの『リグ・ヴェーダ』に登場するスダース王……。

スサダミコは、スダスやスダースとその呼び名はすこしずつ変化しつつも、世界各地にその名を残しているのである。

## 世界に向かって視野を広げたとき、古代日本人の真の姿が見えてくる

私はペシャワルへの遺跡調査へ出かけたとき、そこで『リグ・ヴェーダ』の記述が気にかかり始め、次々に思いを馳せるうちに、ついに史書や碑文の謎解きにまで至ってしまった。

ここで紹介した『汗美須銍』や『秘府録』に記された〝東大国〟の歴史は、その内容があまりにも壮大すぎて、私自身、最初はとまどいを覚えた。

しかし、次々に明らかになってくる不思議な歴史的一致と、遺跡や碑文が示す証拠が増えてくるにつれ、私は東大国が実在したことを信じざるをえなくなった。

H・ロートが「火星人」と名づけたタッシリの王——碑文を解読した結果、〝タルハカ＝ニニギ〞と判明した

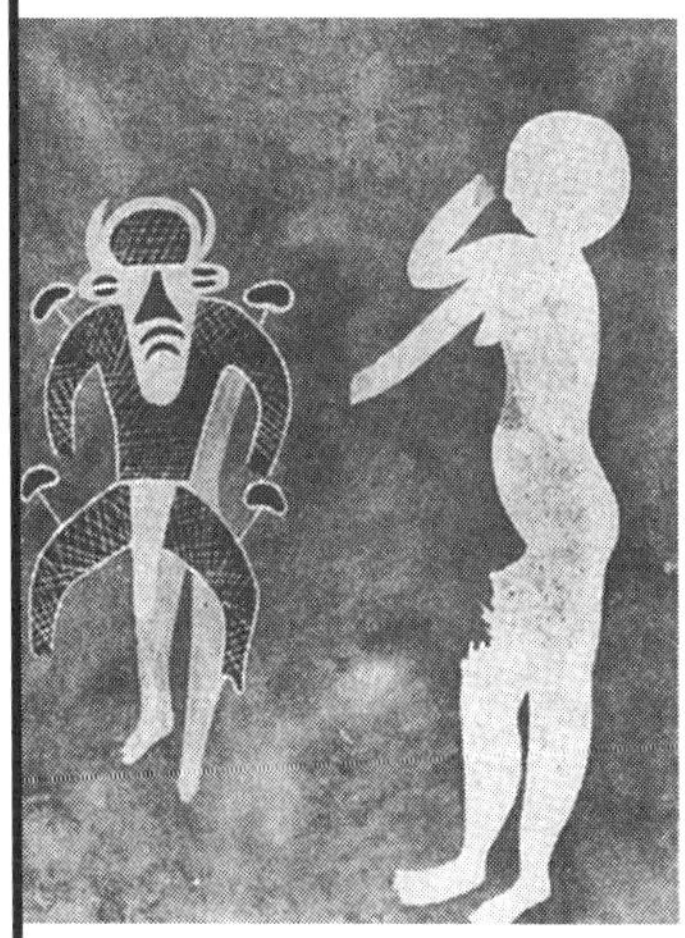

同じく〝イサク〞——角のあるヘルメットをかぶった神

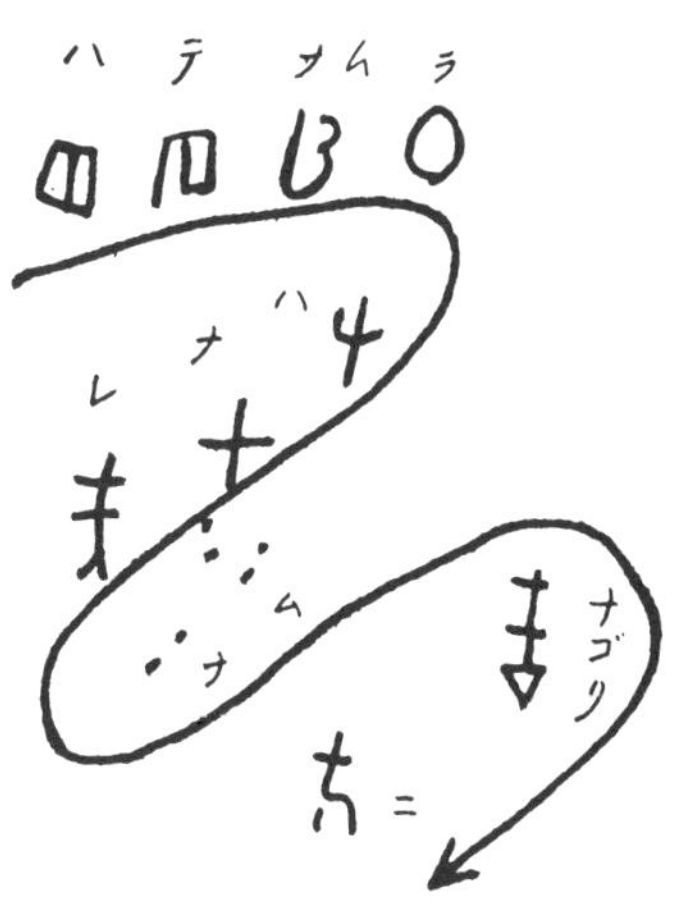


カラ族の移動を示す碑文

『カラ族の文字でめざせ！　世紀の大発見』222頁参照

私たちは、これまで教わってきた歴史のなかで、日本人の祖先が古代世界の各地で活躍していたことや、スダースと呼ばれる王がアリアン族を破って世界の大部分を治めたことなど、一度も耳にしたことがなかった。ましてや東大国の存在は、欧米や中国の歴史家が過去三千年近く抹殺してきたのだから知るよしもない。

残念ながら、現行の日本史研究はせいぜい朝鮮半島と中国の歴史をさかのぼるくらいで、広く世界に向かって視野を拡大するには至っていない。

しかし、インドやアフリカまでその視野を広げ、世界を大きく見渡さないことには、古代日本人の真の活躍のようすは見えてこないのではないだろうか。

すこしずつではあるが、今その作業が始まりつつある。

## 紀元前の地球規模の大異変には〝世界大戦〟もかかわっている⁉

日本、インド、パキスタン、アフリカ……と日本人のルーツをたどって史書をひもとき、各地の碑文を解読したとき、そこに同一人物と思われる一人の王の名が浮かび上がってくる。

スサダミコ、スダース、スダス……。彼は太平洋一帯をその支配下に置き、統治したという。

このことは今、私のなかではまったくの確信となった。だが、それならなにゆえそうした広大な地を治めた王と国家、文明が忽然(こつぜん)として消え失せてしまったのだろうか。

答えは一つ。第3章において『契丹古伝』の語るものとして紹介した地球規模の大異変である。私は、その時代から中国に住み始めた西方の人々（漢人〜アーリヤ人〜アッシリヤ人）がのちの時代に中国の歴史と帝王の系図を偽造したこと、それ以前は契丹人や日本人の共通の祖先である東大神族が全世界を治めたことをここまでに述べてきた。

そしてさきにも記したように、地球規模の大異変が述べられているゆえに『契丹古伝』は信じられるものなのだが、漢人たちが私たちカラ族の抹殺をはかってきた歴史をふりかえってみると、この地球規模の異変さえ、どうも人為的に仕掛けられた世界規模の大戦争が原因だったのではないかと思えてきた。

前出の『マハーバーラタ』は、インドのクル族がパーンドゥの五人の息子たちとドリタラーシュトラの百人の息子たちの時代に、ドラウパディー、あるいはクリシュナーと呼ばれる絶世の美女をどちらの陣営が王妃とするかで対立を深め、ついにはすさまじい絶滅戦を起こしたことを記した戦争叙事詩である。

私はすでに拙著『謎の新撰姓氏録』のなかでこのことを記したため、詳しくはそちらにあたっていただきたいと思うが、『マハーバーラタ』には日本の高天原の神々にその名を変えたクル族の英雄同士の争いが物語られており、バーラタ国とも呼ばれたティルムン＝日本の崩壊は地球規模の大戦争によるものであることが書かれている。

そして実は、この戦いこそ、モヘンジョダロをはじめとするインダス文明の諸都市に侵入してきたアーリヤ人の陰謀によって始まった戦争だったのだ。

## 古代の〝核戦争〟を叙述する『マハーバーラタ』

『マハーバーラタ』の戦闘の部分をちょっとご紹介しよう。

もろもろの偉大な武器を管理していたヴァーユは、かくしてサンスアプタカの軍勢を馬や象、戦車、武器もろとも、枯れ葉のごとく吹き飛ばした……。爆風に吹き飛ばされて、あらゆるものがまるで鳥のように……木からいっせいに飛びたった鳥のように、高く、美しく舞い上がっていった。

英雄アシュヴァッターマンはみずからの空艇ヴィマナにふみとどまると、水面に降り立って、神々さえも抵抗しがたいアグネアの武器を発射した……。アグネアの武器がひとたび空中高く放たれると、その矢の束は光り輝く流星の雨となって地上に落下し、敵を圧倒した。パーンダヴァの軍勢は、突如、深い闇に包まれ、方向感覚を失ってしまった。やがて恐ろしい風が吹き始め……太陽がぐらぐら揺れて、あらゆるものが熱で焦がされ始めた。象たちはこの武器の発する熱に焼かれ、あたり一面に広がる炎から逃れようとして右往左往した。海や川の水まで蒸発し、水中にすむ生きものも死の脅威にさらされた。

天の雨はあらゆる方向から激しい風をともなって降りそそいだ。雷よりもすさまじい音をたてて爆発したこの武器のために、敵の兵士たちは猛火に包まれ、燃え木のようにバタバタと倒れた。巨大な象たちも、この武器に焼かれて狂おしい悲鳴をあげ、ドドーッと大地にくずれて重なっていった……。こうして戦場の生きものは戦車もろとも火にのみこまれ……木の葉のように燃え尽きてしまった。

強力このうえない高速のヴィマナで空を飛んでいたクルスは、〝雷電〟を巧みに操作した。彼は、三つの都市がそれまでのどんな武器でも効果がないことを知ると、これらの都市に向けて、神々すら恐れていた巨大な苦しみをともなう武器を発射した。それは、太陽を一万個集めたほど明るく、輝ける炎と雲のそそり立つ柱となって巨大な死をもたらす〝鉄の雷電〟と呼ばれる未知の兵器だった。

三つの都市の住民は、一人残らず焼き尽くされて灰と化した。死体は見分けがつかないほど焼けただれ、手足の爪や髪の毛はことごとく抜け落ちた。陶器はひとりでにボロボロと崩れ、鳥たちは灰で真っ白になった。そして数時間後に、すべての食物は汚染されて食べられなくなった。これを見たクルの兵士は恐怖にかられ、命からがら戦場から逃げだした。彼らは急いで川に飛びこみ、自分たちの身体と身につけているものを洗った。

太陽と月の周りには、来る日も来る日も、不吉な恐ろしい光の環が見られた……。クル族の王ユディシュティラは、その後まもなく、この〝鉄の雷電〟のためにヴリシュニとアンダカの民が全滅したという報告を受けた……。ヴリシュニとアンダカの民をことごとく焼き尽くしてしまった〝鉄の雷電〟とはなんと恐るべき兵器だろうか……。王は、この武器がもたらした悲惨な結果にひどく心を痛め、ついにこのような兵器を粉々に砕いて廃棄

することを決意した。（筆者訳）

いかがだろうか。いわゆる古代の戦争とはとても思えない記述ではないか。ここに物語られた戦争は、私たちが考える以上に現代的である。いや、現代にもまだ現われていない〝ヴィマナ〟なる空艇さえ登場する。

ヴァーユ（風神）の武器に関するくだりは、ある種の爆弾がこの戦争で使われたのでなければとうてい語れないような鮮明な表現でその破壊効果を描写しているし、アシュヴァッターマンが発射したアグニ（火神）の武器の描写は、実際にこの戦争で現在のアメリカやロシアなどが保有している多核弾頭ミサイルやレーザー兵器と同じようなものが使われた可能性を示している。

この戦争で使われた〝鉄の雷電〟は、まさしく、さきの第二次世界大戦で広島と長崎に落とされた原子爆弾よりも破壊力が大きい核兵器だったとみえ、そのことは〝太陽を一万個集めたほど明るく〟〝輝ける炎と雲のそそり立つ柱となって巨大な死をもたらす〟という表現や、都市と住民・兵士らを一瞬のうちに滅ぼした破壊効果、この兵器の熱線による〝ただれ（ケロイド）〟やガラス化、〝死の灰〟の恐怖――急いで戦場を離れ、川に飛びこんで灰を洗い流したこと――、食物の汚染などの描写からうかがうことができる。

実際にモヘンジョダロからは、核の熱によるとしか考えられないガラス塊が発見されている。

また、太古の文明遺跡の多くが〝地下都市〟形式をとっていることも、これらを裏づけてはいないだろうか。発見に至っていない神話や伝説の地下都市なら、それこそ枚挙にいとまがない。

## 破滅的な戦争が古代世界で何度も起こった⁉

『マハーバーラタ』とほとんど同様な記述は日本の『ユーカラ』にもある。『ユーカラ』は北海道のカラ族＝アイヌに伝えられた口承文芸であり、成立は紀元前にさかのぼるものだが、その主人公ポイヤウンペの戦争の描写は『マハーバーラタ』とまったく同じなのだ。

こうしたさまざまな一致は、間違いなく古代のある時期に人類が破滅的な大戦争を経験したことを物語っている、といえる。

私はすでにこのことを『人類は核戦争で一度滅んだ』（学習研究社刊）のなかで述べておいたが、そのときはいろいろな事情があって、この戦争がいつ、どのようなかたちで始まったか、この戦争の舞台はどこで、歴史的に実在したどんな人たちが関与していたか、この戦争によって私たちの祖先がどれだけ過去の遺産を失ったかを十分に書くことができなかった。

しかし、今述べよう。このように破滅的な核戦争は今からおよそ二千八百年前に起こり、このときエジプトやメソポタミア、インドに侵入した好戦的なアトランティス、アッシリヤの血をひくアーリヤ人の一部族が、フルリ＝ミタンニ・エジプト王家の内紛（注19）に乗じて我らカラ族を同士討ちに駆りたて、カラ族全体の没落をもたらしたのだ。

つまり、アーリヤ人の台頭とその後の二千数百年にわたるティルムン＝日本文化の後退——

注19：紀元前10〜前９世紀のいわゆるエジプト末期王朝の王家の内紛。この頃国内が乱れ、以後エジプトは異民族に支配されることになる。

アジア・アフリカ・アメリカ・オセアニア地域の歴史の空白――は、紀元前八世紀の最後の核戦争とそれにともなって発生した地球規模の異変によってもたらされたのである。

この戦いは、それまで世界全体を治めていたティルムン＝日本の天皇家に対するアッシリヤ（アーリヤ／漢）の覇王の陰謀から始まった。

そのとき、アッシリヤ十王連合はティルムン王家がもっていた〝世界の王のしるし〟〝クルの宝〟を狙っていたのだ。そのクルの宝が東大国王スサダミコ（日本神話の山幸彦／火々出見尊）のもっていた高天使鶏と呼ばれる空艇ヴィマナであることは、『太古日本・驚異の秘宝』（講談社刊）のなかで述べたとおりだ。別名〝ソロモンの秘宝〟とも呼ばれたこの宝こそは、その後二千七百年にわたって東大国の各地を侵略し、歴史を偽造し続けてきた欧米・中国の支配階級が長い間求めてきたものなのである。

## 『山海経』が明かす驚異の太古世界

このような大戦と異変によって太古日本の地球統治が崩壊する以前のようすは、『山海経』にはっきりと記されている。

『山海経』は『史記』と並んで中国の歴代皇帝が珍重した、世界最古の地理書だ。

現在まで伝わる東晋の郭璞本によれば、この書物は今から三千五百年前に発生した異変の時代に、尭・舜のもとで洪水対策に専念し、のちに夏王朝を開いたと伝えられる禹が作成した地理書だという。

これまでの研究者は、そこに記された土地が実際にどこにあったかわからなかったため、たとえば「両手で大きな耳をかかえた人の国がある」と記された重耳国を、文字どおり大きな耳をかかえた奇怪な人間が住んでいる国だと考えた。

しかし私は、世界地図を広げながら重耳国の位置を探していくうちに、この国は山東半島と遼東半島の「二つの手」にかかえられた「大きな耳」の形をしている黄海、その黄海の沿岸部にかつて栄えた国であることを突きとめた。

また私は、これまで長い間チベットの崑崙山脈にあると信じられてきた「華山」が、黒海とカスピ海に挟まれたカフカス山脈の「カ」の音に「華」の字を当てはめたものであり、実際にはカフカス山脈の最高峰をなすエルブルース山をさしていることを知った。

『山海経』の作者が、空から見た世界各地の地形を怪物にたとえて表現したことに気づいた私は、こうしてついに同書全体の解読に成功した。その結果はまさしく驚異だった。そこには私自身が今でも信じられないような途方もないことが書かれていたのである。

『山海経』は語る——。

西山経第三巻の初めはサーガの山（崇吾の山）という。サトレジ川上流の象泉河（河）の南にあって、北にチャイティヤのある山、カイラス山（冢遂）を望み、南にラジア湖（䍃の沢）を望み、西にナンダデビ山（帝の博獣の丘）を望み、東にはブラマプトラ河上流の馬泉河（淵）を望む……。

西南へおよそ六〇〇キロ（四百里）の地点にカフカスの巨大地下都市（崑崙の丘）がある。ここはまことに帝の下界の都。神・陸吾がこれを司る……。

ここに「天帝の下界の都」があり、「崑崙の丘」があると記されたカフカス山脈については、『山海経』に匹敵する重要性をもった『淮南子』にも、次のように書かれている。

## 『淮南子』に記された禹の地下都市は実在した！

『淮南子』は紀元前一世紀頃に淮南（現在の中国・安徽省、淮河中流域）の王だった劉安が撰録したものとされている。ともあれ、その語ることを聞いてみよう。

禹は息土を用いて洪水のもとになった大河を塡め、名山をこしらえた。そして、崑崙山の中腹を掘りくずして低地に敷きつめた。……その真ん中には、高さ一万一千里と百十四歩二尺六寸の九層の城楼があった……。その門は四百四十門。門ごとに四里の間隔をおく……。

北門は開いたままで不周の風を受け、内部には七頃の広さの傾宮と機械仕掛けの回転部屋がある……。

以上に見たとおり、もしも『山海経』や『淮南子』の記述に間違いがなければ、カフカス山脈中には禹の時代につくられた巨大な地下都市があり、その入り口が四百四十か所もあること

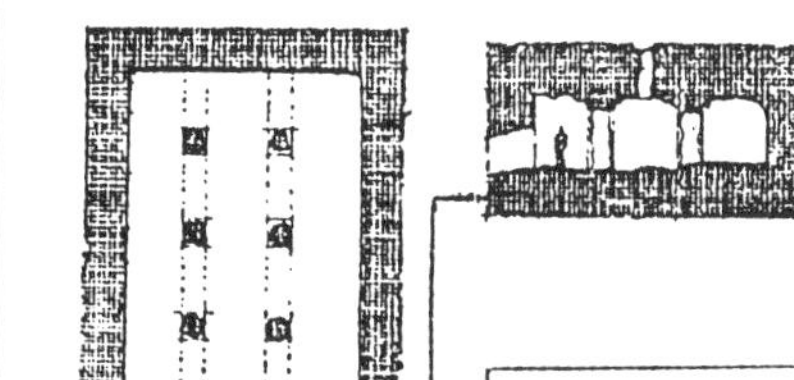

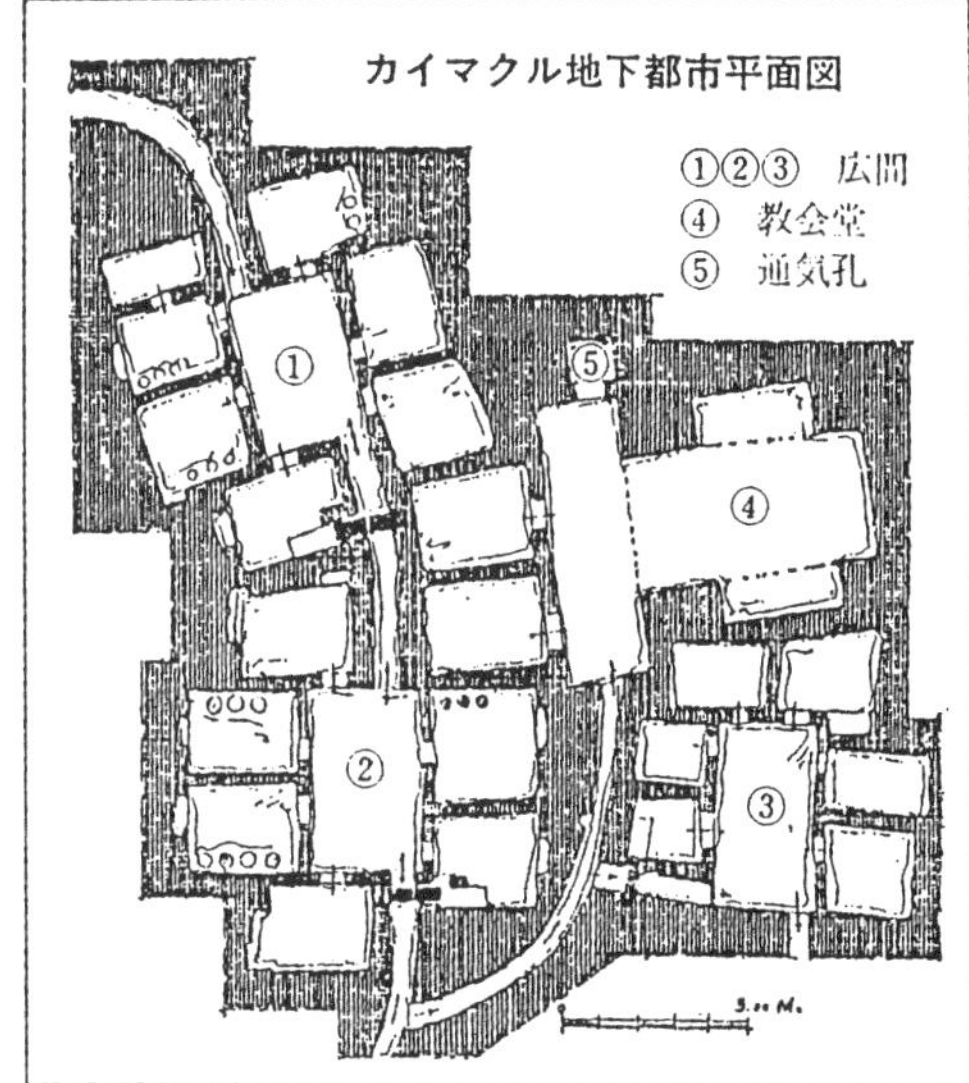

トルコのカッパドキヤに実在する地下都市カイマクルの地下道

実在する地下都市の代表例——カイマクル（トルコ）

になる。とても信じられない話だ。

が、一九六〇年代にカフカス山脈のふもとにある無数の洞窟を調査したロシアの科学者たちは、グルジア共和国内で巨大な地下都市の廃墟を発見した。

アナコピア洞窟として知られる高さ五〇メートル、幅一〇〇メートル、奥行き七〇〇メートルの大ホールは、私が『淮南子』から復元した二万一千坪（「七頃」）の広さをもつ「傾宮」の規模とまったく同じである。

ロシアの科学者が調査したカフカスの地下都市は、無数のトンネルでウクライナや中央アジア、トルコ半島の地下都市につながっていると推定された。この推定を裏づけるかのように、オデッサやタシケント、カッパドキアでもカフカスと同様の地下都市が見つかっている。

要するに、『山海経』と『淮南子』に記された禹の時代の地下都市（崑崙の丘の傾宮）は間違いなく実在したといえるのだ。

## 世界全土を統治していた夏王朝の禹

『山海経』の解読結果から判明した古代世界のようすは、これまでヨーロッパや中国の学者によって組み立てられてきた紀元前の世界史が、ほとんど虚構であることを物語っていた。

従来、夏王朝の禹は中国大陸を治めた王とみなされてきたが、禹の時代につくられた地下都市がカフカス山脈に実在するということは、禹の統治が中国だけでなく世界全体に及んでいた

清洛洛水両下之貌也注音遙也懿行案陶潛讀山海經詩云落落清瑤流是洛洛本作落落注本作瑤皆假借聲類之字陳壽祺曰淫無遙音經文淫字必傳寫之譌當是也瑤水即瑤池史記大宛傳贊云禹本紀言昆侖上有醴泉瑤池穆天子傳云西王母觴天子于瑤池是也呂氏春秋本味篇又作榣水竝古字通用郭注留當爲淯或流字有天神焉其狀如牛而八足二首馬尾其音如勃皇勃皇未詳懿行案勃皇即發皇也考工記梓人爲筍虡以翼鳴者鄭注云翼鳴發皇屬發皇爾雅作蛂蟥聲近字通見則其邑有兵

西南四百里懿行案自鍾山至此九百里水經注引此經云鍾山西六百里有昆侖山蓋誤曰昆侖之丘懿行案昆侖之丘即海內西經云海內昆侖之虛在西北帝之下都者也爾雅云三成爲昆侖丘地理志云金城郡臨羌西北至塞外有西王母石室弱水昆侖山祠又云敦煌郡廣至有昆侖障史記正義引括地志云昆侖山在肅州酒泉縣南八十里說文云丘从北从一一地也中邦之居在昆侖東南是則昆侖之丘去中邦蓋不甚遠矣藝文類聚七卷引郭氏讚云昆侖月精水之靈府惟帝下都西羌之宇嶸然中峙號曰天柱是實惟帝之下都天帝都邑之在下者也穆

山海經箋疏卷二　西山經　三

「天帝の下界の都」の所在を示す『山海経』の一節

『東日流外三郡誌』を含む和田家文書

ことを示している（アンデス山脈中にも「天帝の秘密の都」があったことは、拙著『ムー大陸探検事典』〈廣済堂出版刊〉のなかでも述べておいた）。

これまでの世界史の教科書では、今から三千五百年前と二千七百〜八百年前に発生した地球規模の戦争、および異変に関する記述がまったく見当たらない。

が、『山海経』や『淮南子』『契丹古伝』ほかの記録を各地の謎の遺跡と対応させて再検討してみると、大洪水時代に夏王朝を開いた禹は全世界を治めただけでなく、大洪水以前の時代に地球上につくられた地下都市ネットワークの再建に努めたことが明らかになってきたのである。

私たちは今まで、中国の『史記』に記された夏・殷・周の王朝を「中国五千年の歴史」のなかで輝いた中国人の地方王朝だと教えられてきた。けれども、大洪水ののちに中国を治めた禹とその息子の夏后啓（かこうけい）が、シュメール伝説の大洪水時代に活躍したティルムン王ウトナピシュティムとその息子のギルガメシュに相当することは、両者にまつわる東西の記録を比較すれば明らかである（図16）。

また夏王朝の禹は、太古の日本を中心に世界を治めたと伝えられる『東日流外三郡誌（つがるそとさんぐんし）』のアソベ王朝の太祖ウソリとも一致する。それだけではない。アソベ王朝十七代の系図がそっくり夏王朝十七代の系図にすり替えられて中国の『史記』に記されているのである（図17）。

| | | | |
|---|---|---|---|
| 叙事詩 | ウトナピシュティム<br>Utunapistim | とその息子 | ギルガメシュ<br>Girgames |
| | 〔アナグラム〕<br>Tanmitipusu | | Kakomos |
| | 〔母音変化〕<br>Tenmitipusu | | Kokomus |
| 記　紀 | 〔漢字化〕<br>天御中主 | とその息子 | 高皇産 |
| 史　記 | 夏王朝の開祖・禹 | とその息子 | 夏后啓 |

図16　夏王朝の禹とシュメールのウトナピシュティムの一致

| アソベ王朝 | 『東日流外三郡誌』にみえる日本の王 | 中国の夏王朝 |
|---|---|---|
| 紀元前1500年頃（100,000BP） | 初代　ウソリ | 禹（う） |
| | 2代　タミアレ | 夏后啓（かこうけい） |
| | 3代　マソケ | 太康（たいこう） |
| | 4代　ミソリ | 中康（ちゅうこう） |
| | 5代　アクリカ | 相（そう） |
| | 6代　ツドリ | 小康（しょうこう） |
| | 7代　ナソリ | 予（よ） |
| 紀元前1400年頃 | 8代　ケメリ | 槐（かい） |
| | 9代　カミケリ | 芒（ぼう） |
| | 10代　ケトリ | 泄（えい） |
| | 11代　コケリ | 不降（ふこう） |
| | 12代　ケツリ | 扃（けい） |
| | 13代　ヘリシカ | 廑（きん） |
| | 14代　ツルメ | 孔甲（こうこう） |
| 紀元前1300年頃 | 15代　カムレ | 皋（こう） |
| | 16代　カトリ | 発（はつ） |
| 紀元前1260年頃 | 17代　ヘリシ〈ステルニ〉 | 履癸（りき）〈桀（けつ）〉 |

図17　アソベ王朝と夏王朝の対応

## 『東日流外三郡誌』が明かす真実の歴史――夏王朝はアソベ王朝だった！

青森県の和田家に伝わる津軽の古い伝説集『東日流外三郡誌』（以下『三郡誌』という）は、「太古の津軽には最初にアソベ王国があり、次いでツボケ王国が興って、のちにアラハバキ王のもとで津軽の統一が実現した」と述べている。

しかし、『三郡誌』に記されたアソベ王朝とツボケ王朝の存在は、これまでその実在性が確認されていなかった。が、私は一九八五年以降の現地調査の経験を通して、太古の津軽には確かにアソベ族の王朝といえるものがあったに違いない、という感触を得たのだ。

そして、『三郡誌』におさめられたアソベ王国の王名表を再三検討したのち、ふと気づいたことは、アソベ王朝の歴代の王名と中国夏王朝の歴代帝王の名前が基本的に一致するという驚くべき事実であった（図17）。

中国の『史記』によれば、夏王朝は禹に始まり、十七代目の履癸（桀）で終わる。一方、『三郡誌』のアソベ王朝はウソリに始まり、こちらも第十七代のヘリシで終わっている。

つまり、中国の夏王朝と日本のアソベ王朝は、歴代諸王の名前がよく似ているだけでなく、その代数まで十七代というかたちでぴったり一致しているのだ。

この点に注目して両者の関係をさらに詳しく調べてみると、中国夏王朝の創始者である禹は、日本のアソベ王朝初代の太祖ウソリの「ウ」に漢字の「禹」を当てはめたものであり、夏王朝

| 代位 | 日本の神名 | ファラオ名 |
| --- | --- | --- |
| 1 | 天常立比古神 | アメンホテップ一世<br>別名ジムヌ（神農比古神） |
| 2 | 天之御柱立神 | トトメス一世 |
| 3 | 天之木合比女神 | ハトシェプスト女王 |
| 4 | 天之草奈男神 | トトメス三世 |
| 5 | 天之土奈男神 | アメンホテップ二世 |
| 6 | 天之火明男神 | トトメス四世 |
| 7 | 天之水男神 | アメンホテップ三世<br>（ニンムリア） |
| 8 | 天之金山男神 | アメンホテップ四世<br>（イクエンアテン）<br>別名ナフリア（農谷比古神） |
| 9 | 天之火山男神 | スメンカラー |
| 10 | 天之田原男神 | トゥトアンクアメン<br>（ツタンカーメン） |
| 11 | 高皇産霊神 | アイ（クレオーン） |

図18　エジプトのファラオと日本の神々の対応

王家の谷とツタンカーメン

最後の王である履癸は、アソベ王朝最後の王ヘリシの「リシ」が訛った「リキ」に漢字の「履癸」を当てはめたことがわかってきた。

さらに、日本のウソリは、『契丹古伝』や『竹内文書』その他の資料から、有名な『ギルガメシュ叙事詩』に登場する大洪水時代のティルムン王ウトナピシュティムと同一人物であることが判明している。

とするなら、中国の夏王朝はメソポタミアのウルクと富山県の呉羽（くれは）（クラブ）に都を置いた太古日本の世界王朝だったといえるのではないか！

『三郡誌』は、このアソベ王朝がツボケ王朝との戦いに敗れて、ツボケ王の支配下に降ったと記している。そのツボケ王朝の初代ダットリは、『三郡誌』の記述をそのまま信じれば、紀元前十四世紀のなかば頃、夏王朝最後の王である桀（履癸）を倒した殷王朝初代の湯王（とうおう）と誤解されがちである。

が、このダットリ王が紀元前八世紀のアジア（特にインド）で活躍した太古日本の国常立王（インド名ナヴダートリ王＝農立）であり、アメンホテップ一世の名でエジプト王朝を創始した日本の天常立の子孫に相当することは、『宮下文書』と『新撰姓氏録』にもはっきり記されている（２１１ページ図18参照）。つまり『三郡誌』に記されたツボケ王ダットリは、紀元前八世紀のテーベ王朝（いわゆる中国の西周王朝）の崩壊後、インド・中国・日本にまたがるティルムンの国（『契丹古伝』の東冥・東表・東大国）の盟主となった世界の大王だったのである。

## 太古日本のアソベ王朝とツボケ王朝は世界王朝だった！

以上にみた『三郡誌』のアソベ王朝とツボケ王朝が、それぞれ中国の夏王朝、エジプトのテーベ王朝として知られる太古日本の世界王朝であった証拠はいくつもある。

たとえば、ダットリのあとツボケ王となったウヘリは、これまで実在した王か否か、一度も議論されたことがなかった。けれども、このウヘリと同じ名前の大王がかつてアジアに君臨していたことは、紀元前八世紀末〜前七世紀初頭に残されたアッシリヤの碑文にたびたび記されている。

前述したアッシリヤ王サルゴンの碑文は、ティルムン王ウヘリがサルゴンに豪華な贈り物をしたと記し、これも前述したサルゴンの息子センナケリブの碑文は、彼がティルムン王ウヘリを攻撃し、大量の財貨を略奪（りゃくだつ）したと記している。

これらのアッシリヤ碑文は、従来の学者によって、これまでインド・中国の歴史とはなんの関係もない記録とみなされ、太古日本の歴史と密接なかかわりがあろうなどとは夢にも考えられなかった。

が、驚くべきことに、朝鮮半島の平壌郊外の岩壁に刻まれた紀元前の碑文には、センナケリブのあとにアッシリヤの大王となったエサルハドン（在位・紀元前六八〇〜前六六九）の名前がはっきりと刻まれ、アッシリヤの勢力が意外にも中国・朝鮮半島にまで及んでいたことを示しているのである。

それればかりではない。韓国慶尚南道の錦山のふもとにある岩に刻まれた碑文には、

「ウヘリカムイハヲニノゴトタタクハム」（ウヘリ神は鬼のごと戦はむ）

と記され、ティルムン王ウヘリが朝鮮半島の南部でアッシリヤの軍隊と壮絶な戦いを繰り広げたことまで記録されている（２１５ページ上の碑文）。

これらの事実を総合すると、アッシリヤ碑文に登場するティルムン王ウヘリは、疑いもなく『三郡誌』に記されたツボケ王のウヘリその人であり、ウヘリが紀元前八世紀末から前七世紀初頭にかけて実在した日本（＝ティルムン）の大王であったことは動かしがたい事実とみなさざるをえない。

このウヘリが記紀神話に登場する天照（大日霊女）であり、『契丹古伝』に記されたスサダミコの母親である女王カルメ（日霊女）に相当すること、また、ウヘリ（大日霊＝『三郡誌』の宇比利）のあとにティルムン王となった馬司利が日本神話の火々出見、すなわち『契丹古伝』のスサダミコであることは拙著『超古代世界王朝の謎』のなかで述べたとおりだ。

ここでは、ウヘリ以降のツボケ王朝が実在したことが、九州の宮崎県から出土した碑文からもはっきり証明できるとだけいっておこう（２１５ページ下の碑文）。

この碑文は、宮崎県高千穂町の岩戸神社境内から出土した岩戸蓋石の表面に刻まれたもので

錦山碑文

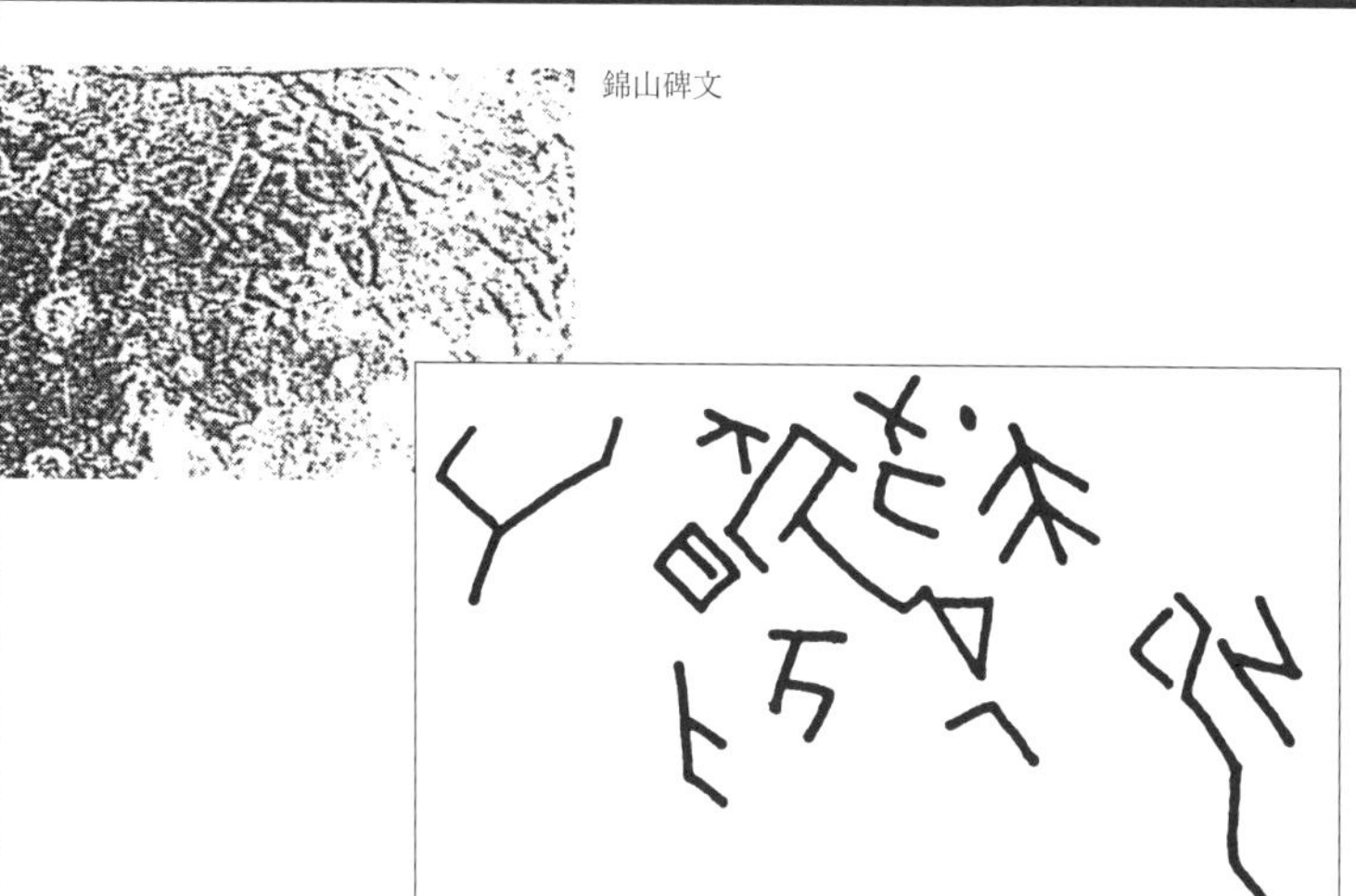

錦山碑文の模写
『カラ族の文字でめざせ　世紀の大発見』117頁参照

岩戸蓋石碑文
『日本神代文字』（大陸書房）より

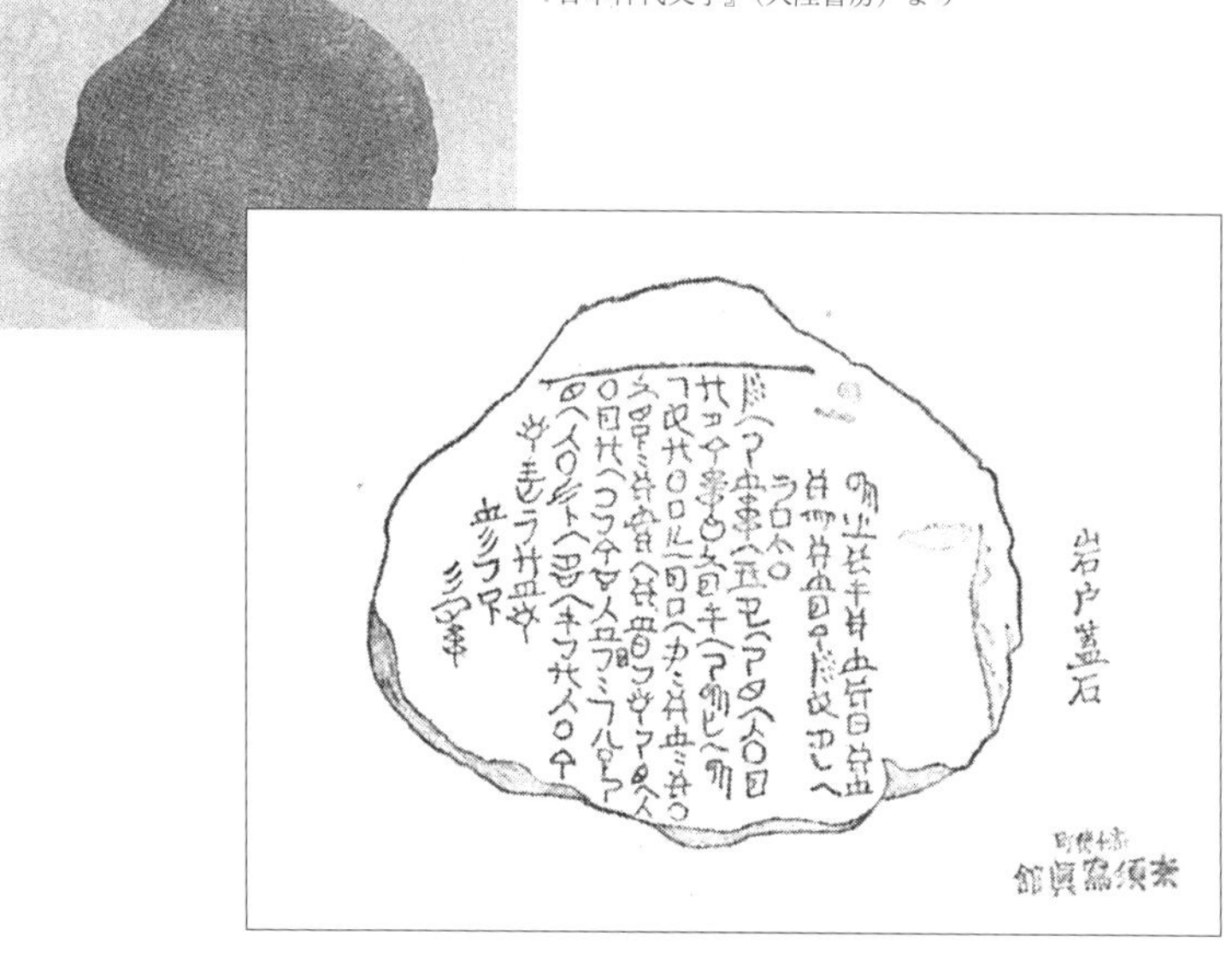


岩戸蓋石碑文の模写

『カラ族の文字でめざせ　世紀の大発見』110頁参照

ある。これを神代文字の一種であるトヨクニ文字で読んでみると、次のように記されていることがわかる。

祖母(そぼ)ゆ開かれつる神避(かみさ)るケ戸(が)（地下シェルター）を掘り
これに無戸籠(うつくま)る
火明(ほのあかり)の御代(みよ)に　天之岩戸へ籠(こも)ります
時に阿蘇火のそば地震(なゐ)へわたり
タカヒメの祖(をや)　ツカヤリは
皇祖(すめをや)ゆかりの蓋つくりて
天之岩戸へ逃れき
地怒り唸(うな)るを　天之岩屋殿籠り
救へ岩守(も)りて　生きながらへたり
由来(いはれ)を吐けり

ここに登場するタカヒメとツカヤリは、『三郡誌』のツボケ王名表に登場するタカヒメ（多加比女）およびツカヤリ（津毛弥利）とみごとに一致する。

ということは、これまで『三郡誌』に歴代の王名が記されながら、一度もその実在性が問われたことのなかったこれらの王が、紀元前の日本列島とアジア大陸で活躍した歴史上の大王であったことをこの碑文は物語っているのだ。

エピローグ

# 太古日本は世界に広がっていた

## ――二十一世紀〝地球統一国家〟の夢

## インドの「タミル」もティルムンに由来する

インダス川の流域を中心に、その昔、エジプト文明やシュメール文明以上の広がりをもったインダス文明。これまで誰が築いたかわからなかったインダス文明が、私たち日本人の祖先であるクル族によってつくられた可能性は、今、現実的といえるものになった。

従来、インダス文明の建設者は、南インドのタミル人やパキスタンのブラーフィー人などを生み出した紀元前のドラヴィダ語族に求められてきた。が、そのうちのタミル語については、日本語と文法や言葉が一つ一つ法則的に対応することが、すでに学習院大学の大野晋名誉教授（国語学・言語学）によってほぼ完全なかたちで証明されている。

そしてこの「タミル」という呼び名もまた、ティルムンに由来している。つまり、アナグラムで示すとティルムン（Tirmun）の語順が入れ替わったティムルン（Timurn）から、nが抜け落ちてティムル（Timur）と変化し、さらにそれが訛ってタミル（Tamil）になったのだ。

今、学会で注目されているドラヴィダ語族は近年の研究によれば、パレスチナ方面から東へ移動した地中海人種の一派だとみなされている。

ならば、私たちはもっと掘り下げて、この地中海人種＝ドラヴィダ語族が日本人の祖先のカラ族であったことを実証していかなければならない。

私は最初のうち、日本からインドに至る地域で活躍したクル族と、インドからエジプト・メソポタミア・地中海方面にかけて活躍したカラ族（カル族——カリア人、フルリ人、ヘブライ人など）とのつながりがよくわからなかった。

だが、前述したように、ヘブライ人の歴史を調べているとき、イスラエル王国の都サマリアの別名が「カルクー」または「クルクー」であることを知って合点がいったのである。つまり、インドから東の地域で活躍したクル族（カラ族）と、インドから西の地域で活躍したカラ族（カル族）とは、かつて同じ兄弟民族だったのである。

インドにはタミル人を含むドラヴィダ語族の一派にクルク人がいる。彼らはパレスチナ方面から移動してきた地中海人種であることが定説になっている。そこから、さきの「インダス文明の建設者は地中海人種だ」という説が生まれているのである。

ギリシアの歴史家ヘロドトスは、このカラ族がカリア人として小アジア（トルコ半島）や地中海沿岸各地で活躍していたことを、その著『歴史』のなかで述べている。

彼によれば、地中海はかつて〝カルの海（カラ族の海）〟と呼ばれていて、カラ族はエジプト・メソポタミアの地でも活躍していたという。

また、史上最初にアルファベットをつくったフェニキア人に文字を教えたのは、ほかならぬこのカラ族だったというのである。

ヘロドトスは、このカラ族について思いを馳せ、「歴史上輝かしい足跡を各地に残したカリア人の正体は忘れ去られて久しい」と嘆いている。ここで彼のいうことが事実であるとすれば、私たちは日本人の祖先カラ族（クル族）の足跡を、日出づる国から日の没するアフリカのモロッコまでたどることができるはずだ。

要するに、このカラ族を起源とする民族は日本人やタミル人だけではなく、今から三千年前に地中海の東岸にイスラエルを建国したユダヤ人の祖先のヘブライ人や、エジプトと並ぶ超大国として栄えたミタンニ王国のフリル人、また小アジアや地中海沿岸、アフリカ大陸で活躍したカリア人もカラ族の一派であることがしだいにわかってきたのである。

今から三千年前までさかのぼっていくと、私たちの祖先のどうやら途方もない広がりをもって世界各地で活躍していた姿が、おぼろげながら浮かんでくる。

ここで、その当時のクル族・カル族の共通語であったかもしれない「クルク語」をティルムンの国の共通語とみなしてみると、〝ティルムン語〟はインドを中心に、西はアフリカ・地中海方面まで、東は中国・日本・太平洋方面までの広い地域にわたって使われていた可能性が出てきた。

## 縄文文明の見直しが始まった！――豊饒な古代世界の交流

今をさかのぼること三千年のはるか昔、私たちの祖先が途方もない広がりをもって世界各地で活躍していたと思われる痕跡は、日本国内でもあちこちで確かめることができる。それらのうちのいくつかを紹介しよう。

古代の豊かな交流を示す古墳壁画の一致。（上）福岡県にある珍敷塚（めずらしづか）古墳、（下）セン・ネジェム墳墓
茂在寅雄著『古代日本の航海術』（小学館）より

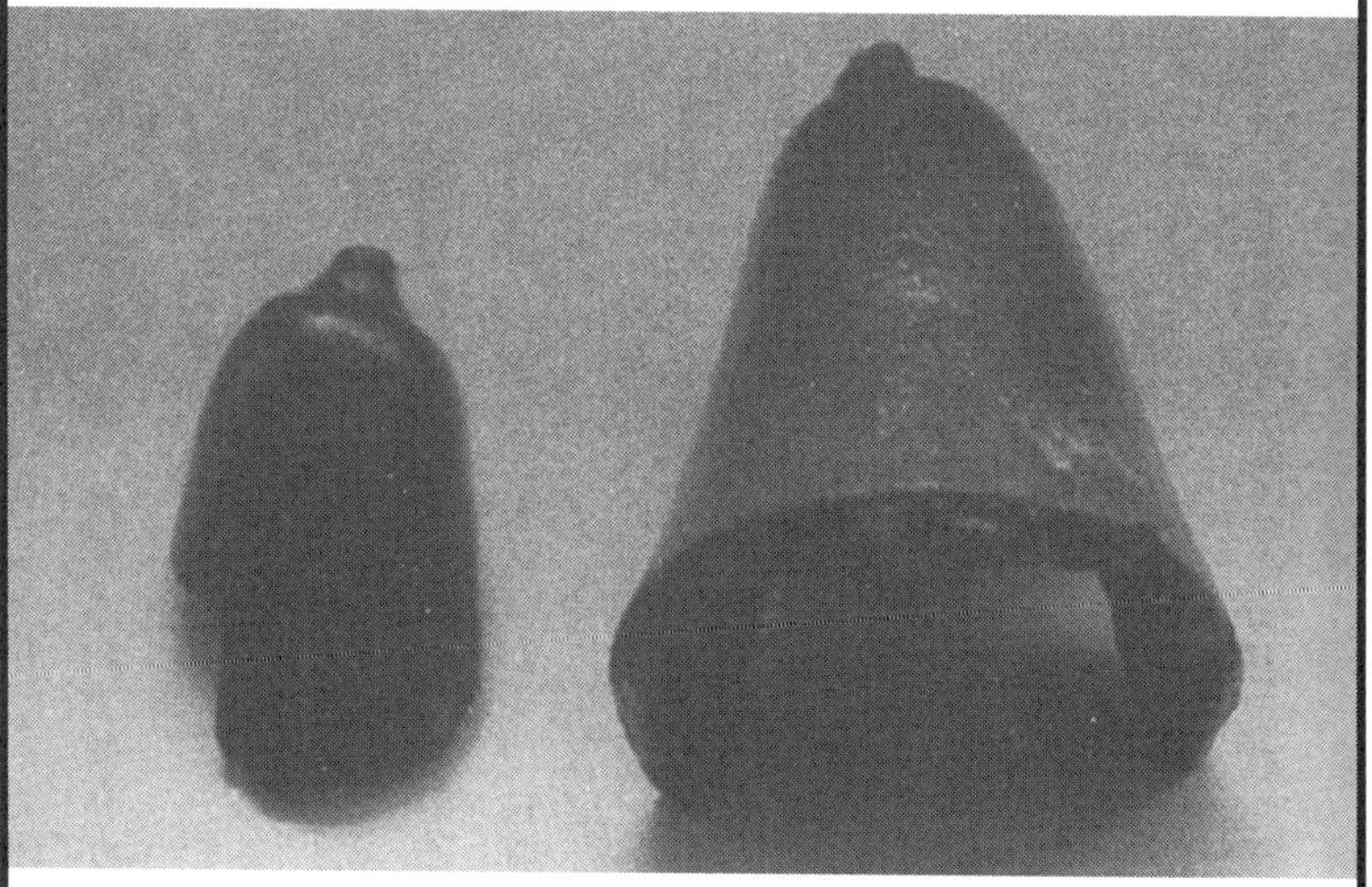

鳥浜遺跡から出土した炭化したヒョウタンの頭部

一九六一年、福井県三方湖畔の鳥浜遺跡から、大量の炭化したヒョウタンと緑豆が出土した。ヒョウタンと緑豆はそれぞれ西アフリカとインドが原産地で、遠い昔、縄文人がアフリカからインドを経て日本にもたらしたものと考えられる。

また、最近注目されている遺伝子（ＨＴＬＶ：ヒトレトロウイルス）分析の最新成果によって、日本人の血液の中に、紀元前の私たちの祖先がアフリカやインドにいたということを示すものが確認され始めている。日本人に特徴的な白血病ウイルスの遺伝子が、アフリカやインドのそれと密接なつながりをもっていることは、京都大学ウイルス研究所の速水正憲教授がすでに証明しているのだ。

日本人の大部分が今となってはすっかり忘れてしまった太古の記憶——私たちの祖先が地中海やアフリカ方面からやってきたことを示す証拠は、いろいろなかたちで残っている。

山梨県の縄文中期の遺跡、釈迦堂遺跡から出土した多様な人物土偶のなかには、明らかにアフリカ系の顔立ちをした人々が描かれているし、福井県三方湖畔から出土した銅鐸（どうたく）には、地中海・エジプト方面で使われたゴンドラ船の絵が描かれている。

そして、紀元前のインドとのつながりを示す弥生時代の銅鐸のなかには、『旧約聖書』の大洪水伝説の原型となった『ギルガメシュ叙事詩』のテーマを扱った絵が描かれている。

さらにまた、日本の神話・伝説のなかには、コロポックルやスクナヒコナなどの小人族が登場し、実際に浜名湖のそばから平均身長一五〇センチに満たない成人の化石人骨が見つかっている。ここで忘れてならないのは、現生人類のうちで小人族が栄えた中心地はアフリカであり、西アフリカと南アフリカ、東アフリカには今もいわゆるピグミー族のサン民族やネグリト族と総称される小人族がいることである。

## あなたの先祖はアフリカ系？——意外な渡来もあった太古日本の広がり

日本とアフリカのつながりは、文献からも確かめることができる。繰り返し引用している『新撰姓氏録』によれば、古代の日本に渡来した人々のなかには、次のようなアフリカの出身者がいたことが記されている。

ここで最初にあげる名前は『姓氏録』記載のもの、下段に記した個々の出身地はアナグラムで読み解いた現在の地名を表わしている。

半眦氏（はんびし）　ルブンバシ（ザイール共和国シャバ州の州都）
沙半王（しゃはんおう）　シャバ（ザイールのシャバ州）
真野造（まののみやつこ）　マノノ（シャバ州の鉱山）
利加志（りかし）　リカシ（シャバ州の鉱山）
堅祖州（けんそしゅう）　キンサシャ（ザイールの首都）
能致元（のちげん）　ヌチャンガ（ザンビアの鉱山）
能兎婁（のとる）　ヌードラ（ザンビアの鉱山）

酒王（さかおう）　ルサカ（ザンビアの首都）

比有王（ぴうおう）　ウピントン（南アフリカの町）

飛鳥戸（あすかべ）　アスハム（ウピントンの隣町）

能郊王（のこうおう）　ノク（ナイジェリア鉄器文化の中心地）

和與王（わよおう）　オヨ（ナイジェリアの古代都市）

宇奴首（うなしゅ）　オニチャ（ナイジェリアの古代都市）

弥奈（みな）　ミンナ（ナイジェリアの古代都市）

曾富（そほ）　サペール（ナイジェリアの古代都市）

高井（たかい）　ダカール（セネガルの町）

汝安初（じょあそ）　チエス（セネガルの町）

後部（こうほう）　ガオ（マリの町）

長王周（ちょうおうしゅう）　ドウエンツア（マリの町）

狛（はく）　ブーグーニ（マリの町）

夫連王（ふれんおう）　ファラナ（ギニアの町）

清道（せいどう）　スーダン（紀元前七〇〇〇年頃のエチオピア朝エジプトの中心地）

納比旦（なびた）　ナパタ（エチオピア朝エジプトの都）

為部奈首（いぶなしゅ）　エル・バルラース（エジプトの都市）

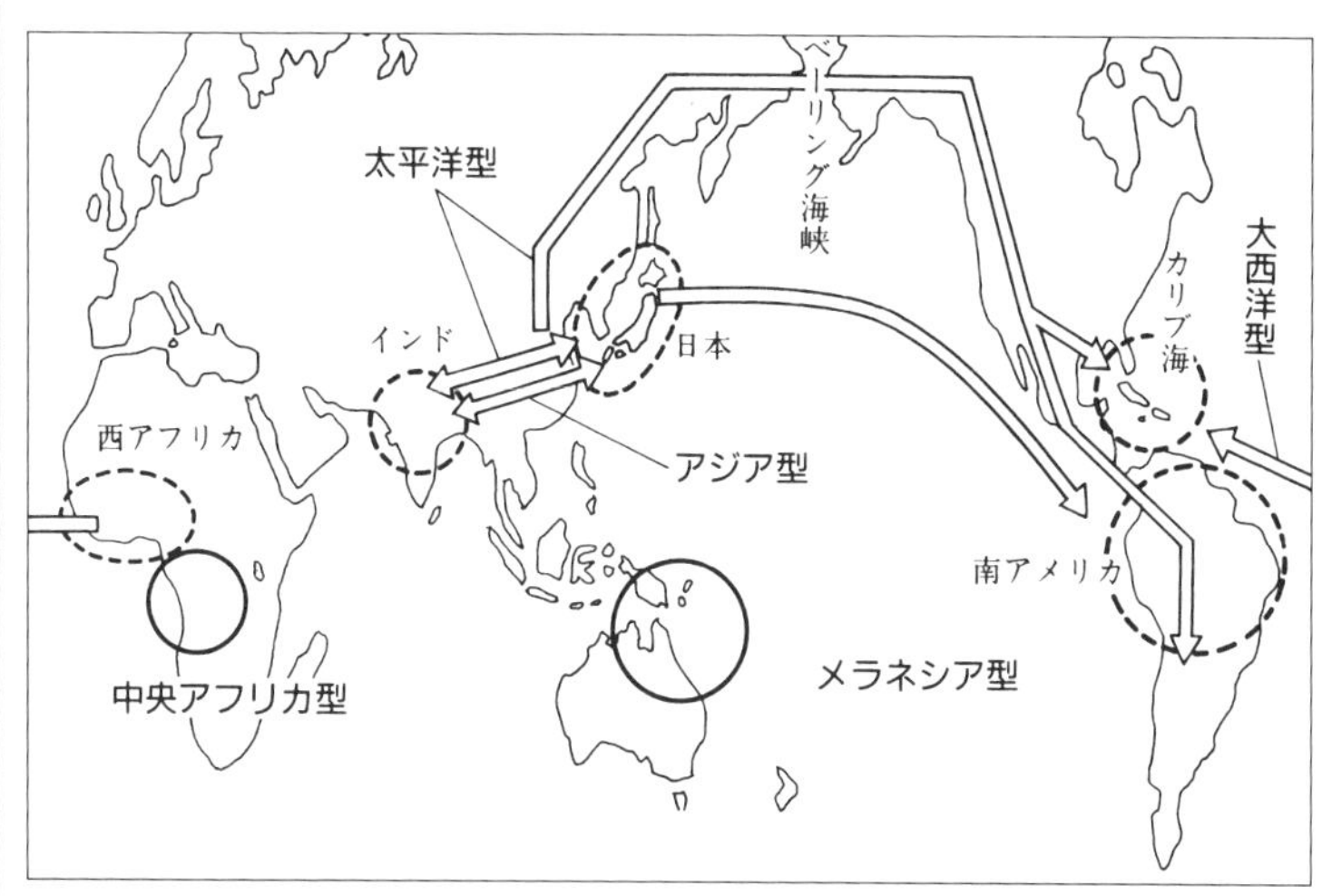


図19　ＨＴＬＶ-１から推定される人類の移動（京都大学ウイルス研究所・速水正憲教授作成）

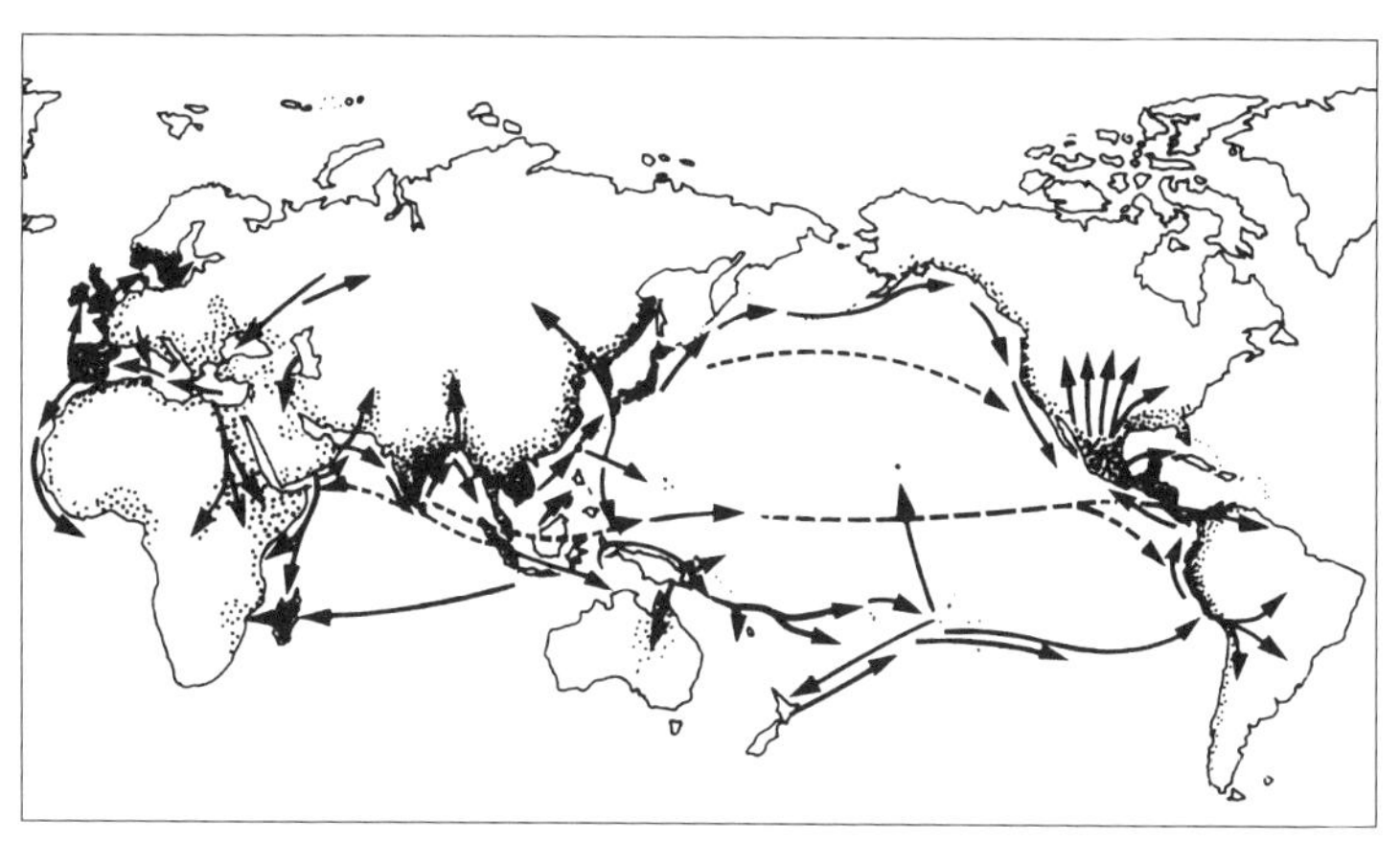

図20　世界のカラ族の分布（エリオット・スミスの説をもとに作図）

中津波手（なつぱて）　ナパタ（エル・バルラースの近くにあったセト神信仰の中心地）
意保尼（おほに）　オホネト（アルジェリアの古代都市）
捐許里公（えんこりこう）　エンカルクー（ケニアを中心とするアサニア文明の伝説の都）
志　發（しぱ）　シバム（イエメンの古代都市）
希須麻乃（きすまえ）　キシマユ（ソマリアに栄えた古代の港町）
青　清　王（せいせいおう）　セイシェル（ケニアの東方にあるインド洋の島）

詳細は拙著『謎の新撰姓氏録』で述べたため略すが、以上のアフリカ出身者は、のちの時代に朝鮮に高句麗・百済を建国し、中国に呉（ご）（春秋・戦国時代）を建国した日本人の祖先、カラ族の人々だった。

また、アフリカに残った彼らの同胞もカラ族、あるいはプール族（夫余族）、フラニ族（弗流族）と呼ばれている。なお、アフリカのカラ族のうち、たとえばバントゥー系のカランガ族などは、西アフリカ・北アフリカ方面から東アフリカ、南アフリカへやってきたといわれる。

## 世界各地の遺跡が示す原日本人・カラ族の高度な古代文明

ザイールやザンビア、南アフリカにある何十万という古代の鉱山や、東アフリカの各地にある何万もの石造都市と巨石道路、ダムなどは、彼らの祖先が築いたものとみられている。つまり以下に記す遺跡は、私たち日本人の祖先がアフリカ大陸に残したものとみられるのだ（『謎

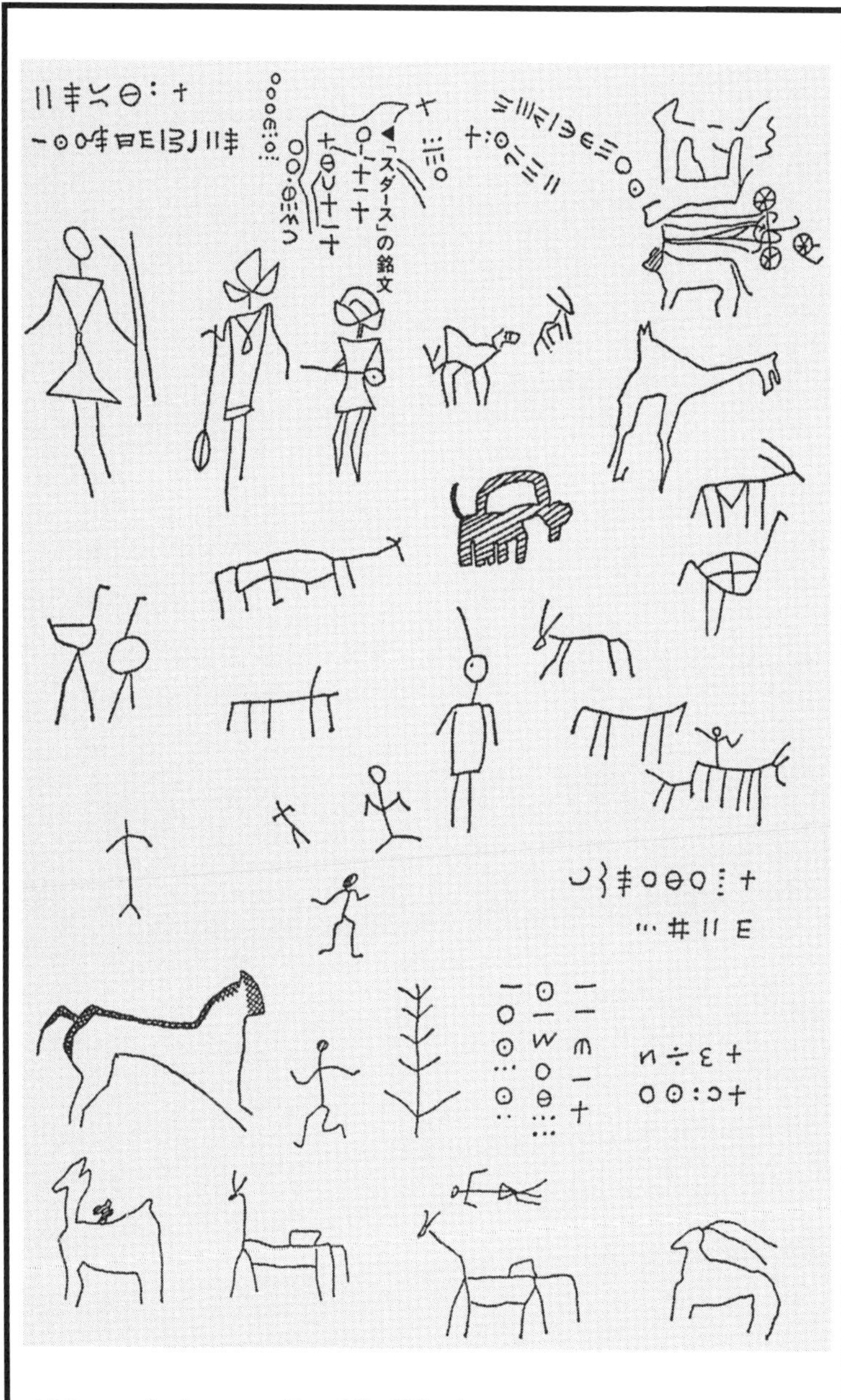


アドラール・デ・ジフォラスの種々の岩刻。『美術の始源』（新潮社）より

の新撰姓氏録』ほか参照)。
①ナイジェリアのイフェにある巨石づくりの神殿と黄金製品。
②ザイール河の流域にえんえん一〇キロも続く巨大な墓地群。
③莫大な黄金製品が出土したマプングブウェの要塞。
④ケニアからモザンビークにかけて一〇〇〇キロ以上も続く高原道路。
⑤モザンビークとジンバブエの国境地帯にある巨石づくりの大規模なダム。
⑥ケニアとタンザニアの国境地帯にある巨大な石造都市の廃墟。
⑦海底に沈んだ〝宝石の都〟ソファラ。
⑧ナパタ、メローエのピラミッドと巨大な製鉄工場。
⑨マリ共和国のアドラール・デ・ジフォラス地区にある伝説の都タデメッカ。
⑩サハラ砂漠の各地に描かれた岩絵・文字群。

これらについての説明は紙面の制約のため割愛するが、これに関連してもう一つ興味深い例を紹介しておこう。

日本に渡来した百済王の子孫・敬福は、陸奥国小田郡すなわち宮城県涌谷の黄金山神社の一帯で大量の黄金〝オタ Ota〟を発見したが、彼らの祖先がいたと記されているワトサ(Otasi＝アイヌ語で「金がたくさんあるところ」という意味のオタシが訛った地名)や、ナイジェリアのオンド(Ondo＝オタが訛った地名)、ガーナのオダ(Oda＝同じくオタが訛った地名)

などでも金が採れ、同じオタに由来する地名が残されていることは、日本とアフリカのつながりを示すとともに、カラ族が黄金づくりの秘密を握っていたことを示している。

黄金の国ジパングのかつての繁栄ぶりをしのばせる平泉中尊寺の金色堂には、いつ、誰が、どのようなルートで手に入れたかわからないアフリカ象やサイの角を使った須弥壇が残されている。

また、中尊寺に祀られた奥州藤原家三代のミイラの製造法が、いつ、どのようにして日本に伝わったのか、これも大きな謎である。

が、これらは、かつてアフリカにいた高句麗・百済の人たちが日本へやってきたときに持ちこまれたと考えれば、ごく自然にその入手経路が納得できるのである。

奥州藤原氏が金山開発に並々ならぬ力量を発揮したことや、彼らがツタンカーメン王の柩と同じ六重の柩の中にミイラとして安置されたことなども、アフリカ・エジプトの技術者が日本に渡来したと考えれば、うまく説明がつく。

## 言語が示すイスラエルとのつながり――八坂氏のルーツ再び

そして、前述したように、アフリカの各地にこれらの遺跡を残した私たちの祖先は、今から約三千年前にカルクーと呼ばれた古代イスラエルの都サマリアの関係者でもあった。

アフリカからインド、中国、朝鮮を経て日本へやってきた高句麗・百済の人々が、古代イスラエルのカリア人、クリ人であったことは、高句麗・百済の言葉と古代イスラエルの言葉、ヘブライ語とを比べることによって明らかになる。

たとえば、高句麗・百済の建国者と伝えられる雛牟王（すむおう）・朱蒙（しゅもう）の名は、古代イスラエルの都サマリア、スムルに由来している。

また、高句麗の句麗は、サマリアの旧名クリと同じであり、京都の祇園祭で有名な高句麗の名族・八坂氏の八坂は、古代イスラエル語で「神への信仰」を意味する「ヤ・サクハ」に由来する。

『新撰姓氏録』に記された高句麗人の多利須々（たりすす）や賣義特（めぎと）は、それぞれソロモン王の時代につくられた海軍基地タルシシと陸軍基地メギドに由来し、高句麗人の優台（うで）は、古代のイスラエル王ウデアの名が語源となっている。

紀元前七二〇年頃、アッシリヤ王サルゴンのためにイスラエルの都カルクー（通称・サマリア）を失った日本人の祖先カラ族は、その後ケニアに新カル国（エンカルクー）をつくり、モザンビークにも新カル国（ニイケルクー）をつくった。

そして彼らは、地中海沿岸の各地（トルコやギリシア、イタリア、フランス、スペイン、アルジェリア、リビア、エジプトなど）の地に、またアフリカのサハラ砂漠（モロッコからエチオピアにかけての地域）やアラビア半島の南部に逃れて、さまざまな文字資料を残した。

それらの文字資料は、私が調べてみた結果、日本のトヨクニ文字や北海道異体文字など、日

アフリカ・インドとのつながりを示す中尊寺金色堂

新撰姓氏録表
臣萬多等言臣聞陰陽定位裁萬
物以先人倫叡聖正名叶五音而
甄姓氏是以因生之本自遠昕土
之基增崇沿帝道而汙隆襲王風
而興替者也伏惟國家降天孫而

今や世界から注目されている日本人のルーツを記した『新撰姓氏録』

八坂神社

本に伝わるいくつかの古代文字にとてもよく似ていることがわかった。

したがって、これらの文字を手がかりとして各地に残された古代の資料を読んでみると、今ではすっかり忘れ去られてしまった興味深い歴史的事実がしだいにはっきりしてくるのである。

## あなたの先祖はエトルリア人？——カラ族はローマ帝国建設にかかわった！

私自身の調査結果によれば、紀元前八世紀〜前七世紀の日本語族は、インドにも、アフリカにも、ヨーロッパにもいたことが明らかになってきた。

さらに、のちの時代にギリシア文化を生み出し、ローマ帝国の基礎を築いたクレタ人やエトルリア人は、紀元前七世紀以前に地中海方面で活躍した原日本人カラ族（カリア人）の有力な一派であることもわかった。

紀元前八世紀のトロイ戦争後に小アジア（トルコ半島）からイタリア方面に移り住んだエトルリア人の子孫が、百済人・高句麗人として日本へやってきたことは、日本の有力氏族の由来を記した『新撰姓氏録』にも以下のようにはっきりと書かれている。

ここでも223ページにならって列記してみよう。あなたの先祖はエトルリア人の血をひいているかもしれないからだ。

市往公（しおうこう）　セッチア（ポー川の支流セッチア川の流域）
明王（みんおう）　リミニ（ポー川南部にあるアドリア海岸の港町）

岡連（おかのむらじ）　ルッカ（ピサの北にある町）
日図王（びっおう）　ピサ（アンコナの西にある町）
安貴（あんくぬ）　アンコナ（アドリア海岸に面する港町）
高安漢人（こうあんのあやひと）　カプア・アラリア（ナポリからローマを経てピサに到るアラリア海岸の町）
狛（こま）　クマエ（ナポリの北にあった有名なシビラの神託の地）
小須々（おすす）　オスティア（エトルリア人の拠点ローマへ通じるティレニア海の港町）

ここに小須々や狛、日図王と記された日本の有力氏族の祖先は、オーストリアのチロルの谷に、日本の東北地方に伝わるナマハゲと同じ習慣を残し、イタリアのカモニカ渓谷や南アルプスのベゴ山（牛女神の山）一帯にサハラに匹敵する膨大な岩絵を残し、さらには日本で神字（かむな）と呼ばれている古代文字とそっくりのカムナ文字を用いて、各地に貴重な記録を残した（235ページ写真）。しかも彼らは、サハラ砂漠の各地に日本のトヨクニ文字に似たティフィナグ文字の碑文と岩絵を残しているのである。

## 碑文でたどれるカラ族〝地球大移動〟の足跡

紀元前七～前八世紀以降、地中海各地からしだいに姿を消していった古代の日本語族（カラ族＝カリア人／クレタ人／クル人／フルリ人／フラニ人など）は、アフリカを南下し、あるいは東のインド方面へ、また西のアフリカ方面へと移動した。

地中海方面から東へ向かった人々は、地中海人種と呼ばれたが、インドではドラヴィダ人とも呼ばれた。

アーリヤ人の大移動に匹敵する古代カラ族（日本語族）の最後の大移動が始まったのは、紀元前九世紀末のエジプト・テーベ王朝の崩壊とそれに続くトロイ戦争、相次ぐ異変とアッシリヤ人の侵入、イスラエル王国の滅亡といったもろもろの事情が重なったからだと考えられる。

クレタの有名なファエストス円盤に記された絵文字を私自身が解読した結果によれば、旧約聖書のヨセフ（日本神話のホホデミ）が日本に向かった直接のきっかけは、それまでカラ族を保護してくれたエチオピア出身のエジプト王タルハカを裏切って、その王妃がカラ族（イスラエルの十部族）を弾圧したことに求められる。

ファエストス円盤（237ページ上右）にはこう書かれている。

主（あるじ）うしはく（治める）　エホバの民
主ヨセフうしはく　民発（た）つは
神のかしこむ　父の民
エロハ民（神の民）
牛はうケフチウ（クレタ）の罔象民船（みずはたみふな）
エロハ民
牛はうケフチウの瑞（みず）しアジア民

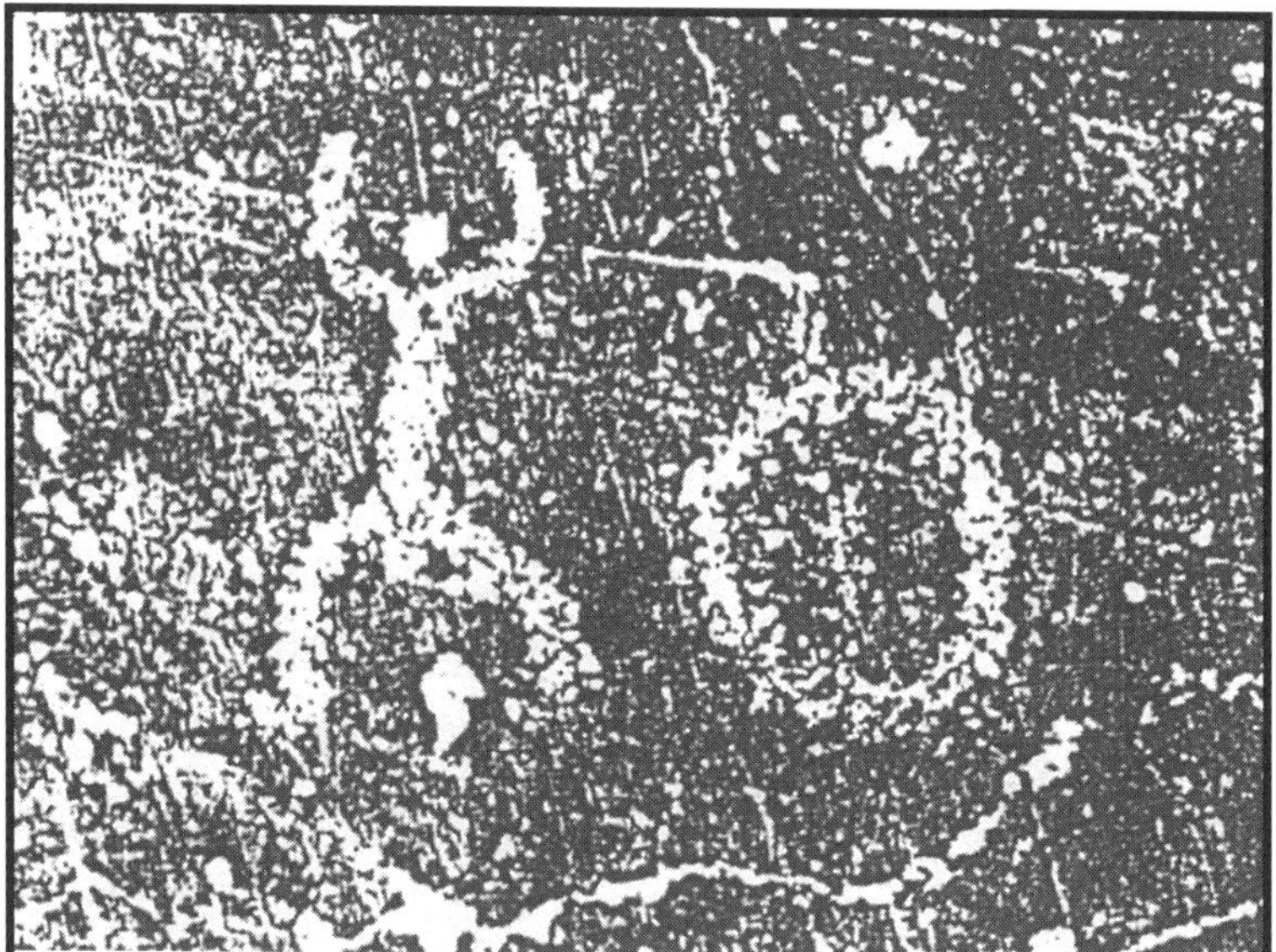

「アテラ」と読めるカモニカ渓谷のカムナ文字

同じく「ホドラノイドガワク」と読めるカモニカ渓谷のカムナ文字

むる（海）をうしはく　ヨセフ民
越すは神民（かみたみ）
王のタムズ（穀物神の化身である王妃）の悪（わる）のため
むざむざ死ぬる
タルハカうしはく民

## 太古の宇宙船「サブハ」で世界を巡行した日本の王

ヨセフ（スダース／スサダミコ）の率いるイスラエルの民（カラ族の一部）は、こうしてクレタから船出し、大西洋を越えてブラジルのアマゾン川河口（マラジョ島）に上陸し、その北方にある地下都市で「サブハ」（宇宙船）を手に入れた。

ここで突然サブハを〝宇宙船〟などと解釈したことに驚かれるかもしれないが、これまでに述べてきたことを思い起こしていただければ、むしろ納得のいくものであろう。つまり彼らは、彼ら以前のカラ族が子孫のために残しておいたスーパー・テクノロジー（クルの宝）の一部を手に入れてさらなる移動を続けたのである。

このことは、ブラジル・ロライマ州ボナビスタの近くにあるペドラ・ピンタダの巨大な岩に記された次の一文からもうかがうことができる。ペドラ・ピンタダの岩には、日本の神代文字で次のように書かれているのだ。

ファエストス円盤

ロンゴロンゴ文字板

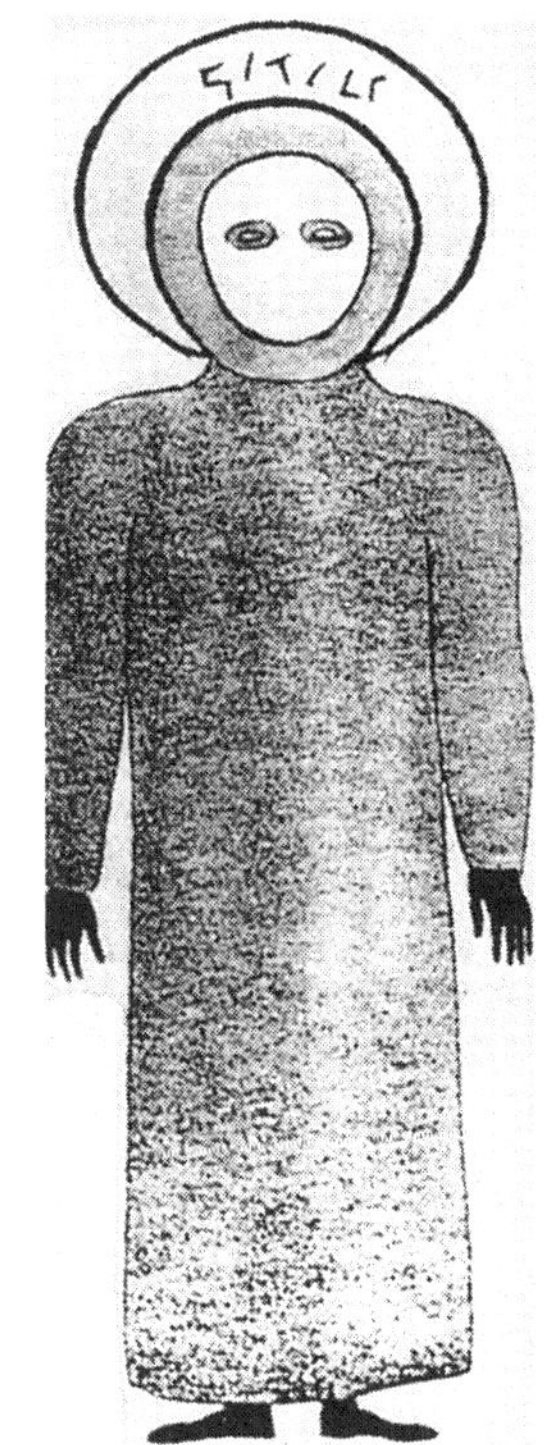

キンバレー碑文――「カムラツク（神ら着く）」と読める

「主（あるじ）イサク」と読める

ヨセフとイサクに船を降せる神を見よ
イサク、ヨセフとともに手厚く守れ

いかがだろうか。プロローグや第1章で述べたことと、みごとに符合してはいないか。そしてその後、イサク（日本神話のオシホミミ）とヨセフ（ホホデミ）は、オーストラリアのキンバレーに向かった。

次のキンバレー碑文（237ページ下）はそのことを物語っている。

「カムラック」（神ら着く）
「アルジイサク」（主イサク）

さらにキンバレーに着いた彼らは、イースター島から日本へ向かって旅立ったことが、この島に残された有名なロンゴロンゴ文字板（237ページ上左）を解読した結果、判明した。そこには次のように書かれていたのだ。

贄（にへ）ささげたてまつりて
降ることなき雨が降らめと
水をも飲まず
一時（ひととき）なむも寝ずに
夜昼となく海見晴らしし
父母（ちちかか）たちを讃（たた）えまつらく

熊野の諸手船の舵をとり
我ら神さびつつ廻る……
（アタン文字板の訳・部分）

つらく長い旅路のはてに日本にたどり着いたイサクとヨセフ、そしてイスラエルのカラ族のその後のことは、資料の制約もあって今のところはっきりしない。

けれども、伊勢神宮の八咫の鏡と三輪神社の石鏡に刻まれた碑文を解読した結果によれば、彼らはこの日本で、もう一度ゆるぎない繁栄を築こうと決意したことが、次のような文面からもうかがうことができるのである。

この島にぁ
いや続く花咲かせなば
（三輪石鏡の文字）

## 〝天神降臨〟から始まる古代世界の驚異の歴史の実相

私たちの地球探検の旅は、とんでもない発見につぐ発見をしてしまったようだ。それは、今まで教えられてきた世界の歴史を根底から覆すものになっている。

そこでこれまでにつかんだ発見の成果から、新たな〝歴史の真実〟を以下に再構成してみよう。まずは〝天神降臨〟に始まる〝創世紀〟だ。

今、神とは何かを考えてみるに、古くからの言い伝えでは、神は光り輝くものとある。その光り輝くようすはたとえようもない。しいてこれをたとえれば、日の光に輝く鑑のようである。

そこで鑑は太陽神をかたどったものとして日神体と書かれ、カガミと読まれる。

その昔、天界を統治した太陽女神である我らの日祖アメウシハクカルメ（阿乃沄翅報云戞霊明＝天統治日霊女）は、シベリア南部のエニセイ川中流域に広がるミヌシンスク盆地に宇宙船で着陸し、盆地の南部から東部にかけて連なるサヤン山脈のふもとカーメンヌイで日孫を産まれた。

のちに東大国王となられた日孫ヨセフ皇子は、またの名をアバカンといい、スサダミコともいう。

ミヌシンスク盆地の中心都市アバカンにその名をとどめる日孫に、日祖はみずから乳を与え、彼が大きくなると、コマカケと呼ばれる飛行艇を与えて、地上に降臨させた。

これが我らの神祖スサダミコの誕生の由来である。

スサダミコを神祖と仰ぐ、我らカラ族は、世界各地で活躍した。

カラ族の勇者は、イースター島のラノ・ララクの南東にあるホツイチの霊廟（れいびょう）に祀られ、各地のカラ族の都はいずれもコマヤ（高麗国・高天原）と呼ばれ、国名をシウク、族名をシウカラ、国民をタカラと称し、国王をシウクシフと称えた。

シウクとは東大国、シウカラとは東大民族、シウクシフとは東大国主という意味である。

神祖スサダミコの子供や孫が世界の各地でカラ族の国を受け継いだのは、スサダミコの時代にカラ族が世界的な規模で活躍したからである。

紀元前の我らの祖先の活躍を記した別の書物にはこう記されている。

すなわち、トコヨミカド（常世尊＝不死の王／常夜帝＝地下都市の王）と呼ばれた東大国主スサダミコは、初めオーストラリアのジランバンジに降臨し、次いでミヌシンスク盆地を見おろすアファナシェヴァの山に降臨した。

オーストラリアとシベリアの二か所にカラ族の二つの源があり、同じシウ氏を名乗る二つの宗族がいるのは、神祖スサダミコの右のような降臨にともなって、我らの祖先が現地にとどまったからである。

紀元前八世紀以前にカラ族の一員となったティルムン（東冥＝日本からインドに至る地域）の人々はスサダミコの子孫ではなく、大洪水のあとティルムンの楽園に住んだウトナピシュティム（阿辰沄須氏＝天御中主＝禹）の子孫である。

アフリカのカラ族の王としてその名を世界中に知られたエチオピア王タルハカ（寧義氏＝ニンギルス＝ニニギ）が現われたのは、ウトナピシュティムの時代より八百年ほどあとのことである。

ウトナピシュティムやタルハカ、スサダミコの時代に我らの祖先が世界の各地で活躍していたことを垣間見るにつけても惜しまれるのは、その後千数百年の間に、我らカラ族のかつてのつながりが見失われ、祖先の貴重な記録が散逸してしまったことである。……

## アッシリヤと戦った太古日本のティルムン王

以上は、第3章ほかでふれた遼王家の歴史書『契丹古伝』の冒頭の部分からアナグラムを駆使して読み解いた、いわば〝天神降臨〟と〝創世紀〟の一部である。

ここでは、私たち日本人と契丹人の共通の祖先である東大神族の国・東大国が、紀元前七世紀頃に地球の大部分を治め、当時の東大国主スサダミコ（＝ヨセフ）はコマカケと呼ばれる飛行艇に乗って世界を巡行・統治していたことが記されている。なんとも壮大な歴史ロマンだ。

そしてすでにみたとおり大洪水のあと中国で夏として知られる王朝を開いた禹は、シュメール伝説のティルムン王ウトナピシュティムであった。そのウトナピシュティムは、日本神話の天御中主であり、『東日流外三郡誌』に記されたアソベ王朝の創始者ウソリと同一人物である。

つまり、縄文時代の日本がシュメール伝説のティルムンそのものであったのだ。歴史はやがてティルムン＝日本に、アッシリヤ人（アーリヤ人～漢人（あやひと））が侵入したことを物語っている。

前出のアッシリヤ王サルゴンはみずから次のように語っている。

私は偉大な王、アッカド王サルゴン……
私は黒頭人を支配し、治めた
黒頭人の大国を私は青銅の斧で破壊した
私は東方の国境を鎮め、

東大国の離京・イースター島に残るモアイ像

侵略者の王か？　サルゴン大王

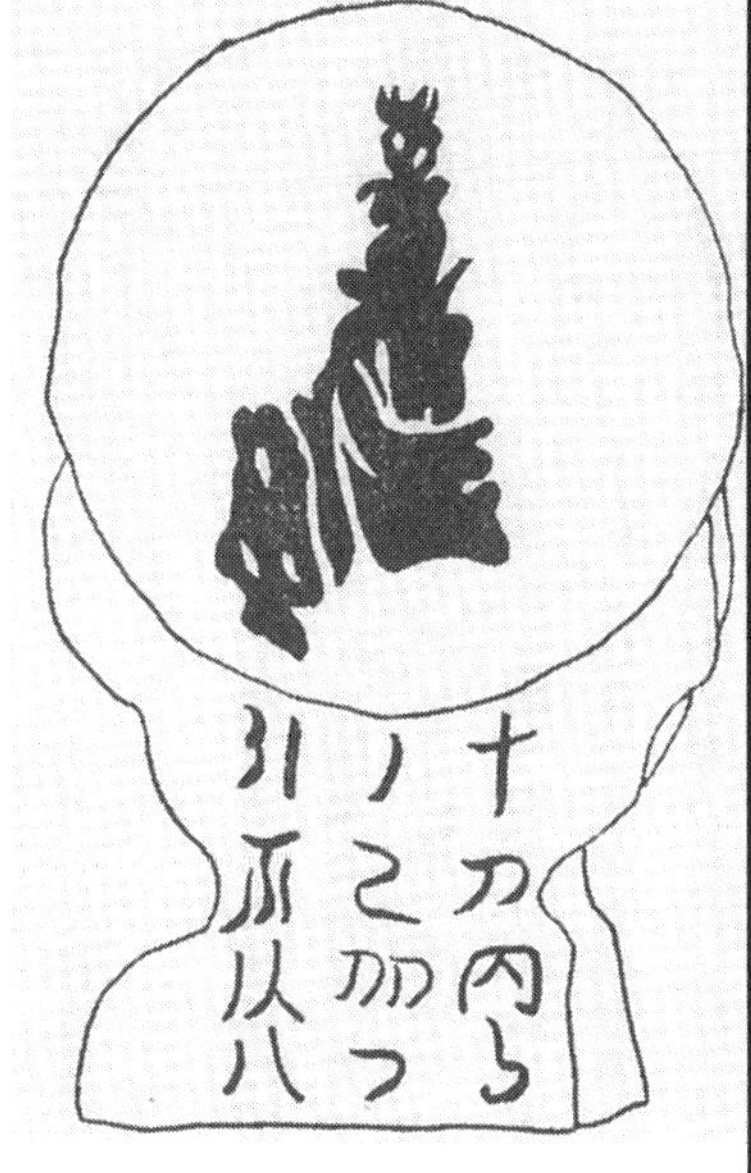

終着地・日本を示す三輪石鏡の碑文（模写）

西方の国境を突破した
海国を三たび攻撃し、
ティルムンを征服した
私は大いなるデーリ市に赴き……
ハジャルを破壊した……

ここに記された黒頭人とは、私たち日本人の祖先カラ族をさしているのである。

サルゴンが攻略したデーリはパキスタンのペシャワル郊外にあるシャー・ジ・キ・デーリであり、ハジャルは『契丹古伝』に畢識耶(ぴしゃ)と記されたスサダミコの神都ペシャワルのことである。

## 〝太古、日本の王は世界を治めた〟ことを忘れてはならない

アッシリヤが攻略した海国ティルムンは、これまでシュメール伝説に登場するおとぎ話の国とみなされてきたが、ここにもみられるように紀元前七〇〇年頃に実在した国家として、アッシリヤ碑文に登場しているのだ。

前述してきたように、紀元前七~前八世紀のアッシリヤと平和的な関係を願ったティルムン王ウヘリがサルゴンに貢ぎ物をおさめた、ということもさきの碑文に記されている。しかし、世界の平和を求めたウヘリの希望はふみにじられ、サルゴンの死後に王位についたアッシリヤ王センナケリブは、ティルムンを攻撃し、銅や木材、宝石などを略奪した。このことを記した

碑文も見つかっている。

しかも、当時のアッシリヤは、インド・パキスタン方面を攻撃しただけでなく、はるばるシルクロードを越えて中国大陸に侵入し、満州・朝鮮半島から日本の本土にまで迫ったのである。これについてもいくつかの碑文から明らかになっている。

たとえば215ページに見た宮崎県高千穂町の岩戸神社の蓋石に、「タカヒメの祖　ツカヤリは……」と記されているが、そのツカヤリの祖先にあたるティルムン王ウヘリ（日本神話のアマテラス）は、さきにもみたとおり、朝鮮半島の韓国慶尚南道の錦山に、

「ウヘリカムイハヲニノゴトタタクハム」（ウヘリ神は鬼のごと戦わん）

という碑文を残している。つまり、ティルムン王ウヘリの対戦相手は、センナケリブのあとアッシリヤ王となったエサルハドンであった。

彼が朝鮮半島までアッシリヤ軍を派遣したことは、半島北部の平壌市郊外の碑文に、

「エサルハドン、アッスリヤ王」

と記されていることからも明らかである。

## ティルムン世界王国の再建と五原の統治

さて、ティルムン＝日本の人々は、夏（シュメール）の時代に世界の各地に雄飛したばかりでなく、殷（インダス）の時代にもイスラエルと姻戚関係をもち、イスラエルがアッシリヤに

滅ぼされた紀元前八世紀末以降は、イスラエル最後の王ホセアとその養子ヨセフ（ティルムン王ウヘリの息子スダース＝『東日流外三郡誌』に登場するツボケ王ウヘリの息子マシカカ）およびエチオピア出身のエジプト王タルハカ（『旧約聖書』のヤコブ）の民を迎え入れて、ティルムン世界王国の再建を目ざした。

その当時のティルムンのようすは、こうだ。

神祖ヨセフ（スサダミコ）は、今日アジアと呼ばれている地域を中心として、アフリカからオーストラリア、アメリカ大陸にまたがる広大な土地をカラ族のために確保し、これを五つに分けて統治した。

彼はまず、マダガスカルのチアファジャブナ王を南アフリカのジンバブエに派遣して、東大国の西部を治めさせた。

次に彼は、北アメリカのシトカ王をアラスカのジュノーに派遣して、東大国の東部を治めさせた。

また彼は、九州の串木野神を入来に派遣して、東大国の中部を治めさせた。

彼は中央アジアのカザフ（またはケンピルサイ）にウラル山脈南部のカンダガチ王を派遣して東大国の北部を治めさせ、ニュージーランド北島のマヌカウにオーストラリアの南のタスマン王を派遣して東大国の南部を治めさせた。

神祖は、右のように東大国の諸大陸の統治を五人の長にゆだねると、みずからは宇宙船に乗って天空の安全をはかり、大海原を航海する人々の安全をはかった。

また彼は、九州の句嬰国（のちの狗奴国）の司祭に対して、つねづねのまつりごとをおろそかにすることなく、東大国民の末永い平和と繁栄を保つよう心がけよと命じた。

紀元前七世紀にヨセフ（スサダミコ）が東大国の五つの地域を治める以前、これらの地域にはカラ族以外の先住民がいた。

北原と呼ばれた中央アジアのステップ地帯には、遊牧民族のマッサゲタイ人（没皮）と狩猟民族のイユルカイ人（龍革）がいた。

西原と呼ばれたアフリカ大陸には、穴居民族のギリガマイ人（魚目）とティブー人（姑腹）がいた。

そして中原と呼ばれた東アジア地域には、アイヌ（熊耳）とコロポックル（黄眉）が住み、南原と呼ばれたインド・オセアニア地域には、マオリ人（苗羅）とパプア人（盂馮）がいて農業を営み、海原と呼ばれたアメリカ大陸には、ジェー語族（兎首）とコリャ族（狼裾）がいて海洋漁業にいそしんでいた。

これらの先住民は、カラ族とともに東大国の国民になったとき、いずれもヨセフの指示に従い、いいつけをよく守った。

けれども、その当時インドにいたバクトリア人（箔）とガンダーラ人（菌）、サカ人（籍）だけは性格が凶暴で手がつけられなかった。

そこでヨセフは、彼らを征伐してインドから駆逐し、ベンガル湾に追放した。

以上は『契丹古伝』中の「秘府録」の一節で、後半部はすでに前章で紹介している。紀元前七世紀のティルムン（東冥＝日本）の王は、従来知られているインド・ヨーロッパ語族の支配地域（ヨーロッパから中近東に至る土地）以外の大部分の地域を五つに分けて治めていたというのである。

この時代に、ティルムン王ウヘリとその息子スダース（『旧約聖書』のヨセフ＝日本神話の山幸彦／火々出見（ほほでみ））は、「高天使鶏（コマカケ）」と呼ばれる空艇に乗って世界を巡行し、これを治めた。神祖ヨセフ（ホホデミ／スダース）とその後継者の時代は、およそ三百年ほど続いたが、ティルムンの国は、その間に西方から次々に侵入してきたインド・ヨーロッパ語族の勢いに押され、インド以西の地を失った。

しかし、紀元前四〇〇年頃、中国大陸にイヅモ（出雲＝斉）国家が誕生し、太公タケハヤスサノオ（斉の田和（たか）王）が現われるに及んで、ようやく昔の勢力を取り戻すに至ったのである。

## 太古日本＝ティルムン王の世界統治を裏づける神代文字碑文

一部前述したが、これら五つの地域でティルムン（東冥＝日本）の王が活躍していた証拠は、それぞれの地域から出土した碑文によっても、次のように確かめることができる。

中原（日本からインドに至る南アジア）については、九州の熊本県で見つかったものがある。

その銘文は、「ウヘリ」と読めるのだ。
ティルムンの女王ウヘリは、朝鮮半島だけでなく、日本列島にも足跡を残したことがわかる。このウヘリ（日本神話のアマテラス）は、別の碑文には、「サキカムイ」（幸神）とも記されている。

日本語の幸（サキ・サチ）は、神話時代の宇宙船サブハ、サハから派生した言葉であろう。ウヘリがサキカムイと呼ばれたことは、彼女が息子のスサダミコに「高天使鶏」という空艇を与えた神であると『契丹古伝』に記されていることからもうなずけるのである。

東原（南北アメリカ大陸）については、ブラジル北部のペドラ・ピンタダ遺跡で見つかったものがある（251ページ上写真）。わかりやすく模写図を置いたが、刻文には、

イサクとヨセフに船を降せる神を見よ
イサク、ヨセフとともに手厚く守れ

と書かれている。

模写図中央やや上の〝船〟は、『契丹古伝』に記されたヨセフ（スサダミコ）の宇宙船「高天使鶏」を表わしているのであろう。この宇宙船をヨセフに与えた「神」とは、ヨセフの母親のウヘリをさしている。日本神話のイザナギ、オシホミミに相当するイサクは、『契丹古伝』によれば、ヨセフの養父とされているからだ（拙著『ムー大陸探検事典』廣済堂出版刊参照）。

イサクとヨセフが所有した宇宙船は、かつて南米エクアドルの地下都市にたいせつに保管さ

れていた。その地下都市から出土した黄金板碑文については、第1章で紹介した。

南原（オセアニア地域）では、オーストラリア北部キンバレー山脈の岩壁に描かれた237ページ図のような人物像の頭部に神代文字で、「アルジイサク」（主イサク）と書かれている。

この壁画は紀元前七〇〇年頃に活躍した太古日本の王イサク（イスラエル最後の王ホセア＝イザナギ）の姿をしのばせてくれる。イサクはアメリカ大陸に足跡を残しただけでなく、オーストラリア大陸でも活躍していたのだ。

西原（アフリカ大陸）については、サハラ砂漠西部のマリ共和国アドラール・デ・ジフォラス地区で見つかったものがある。銘文には紀元前七世紀の初めにアフリカで大活躍したスサダミコ（ヨセフ＝ホホデミ）の名が、227ページの図に見られるように「スダース」として登場する。

『契丹古伝』にティルムン王ウヘリの息子として登場するスサダミコ（ヨセフ）が、アフリカでも活躍したスダース王であることは、すでにみたとおりである。

## 日本発、歴史上の大発見時代が始まった！

さて、こうした〝世界王国再建の時代〟もやがて終わりがくる。

ティルムン王スダース（日本神話のホホデミ）は、再びアッシリヤ人（アーリヤ人／漢人）のアフリカ侵入によって絶滅の瀬戸ぎわに立たされた日本人の祖先カラ族をインドに導き、さ

日本神話の神々がアマテラスから宇宙船を授かったことを記すブラジルのペドラ・ピンタダ遺跡

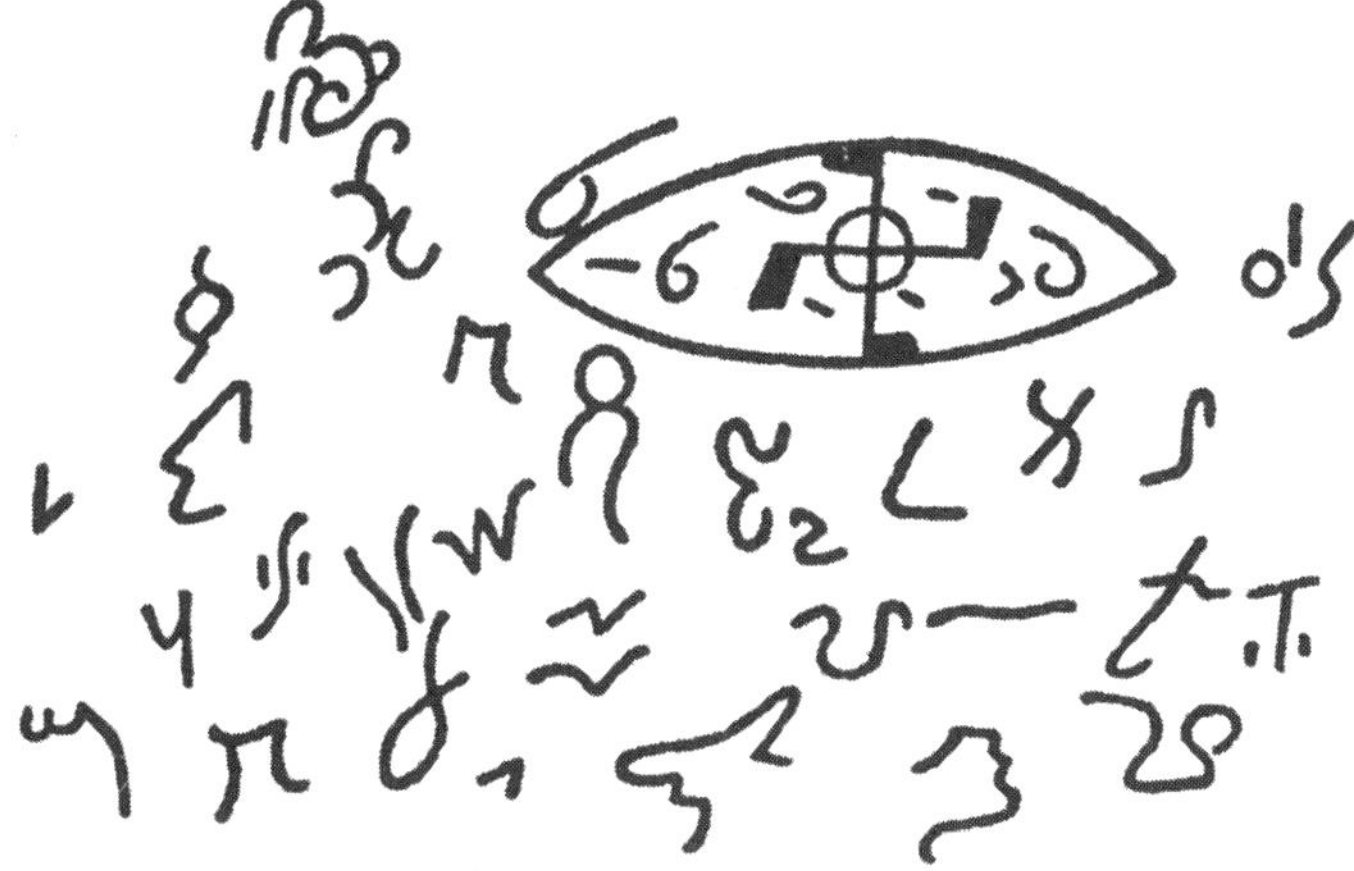

上掲碑文の模写

らに日本列島へと避難させた。

スダース王（スサダミコ）の英雄的な大長征の物語は、サハラ砂漠の岩壁に大量に記録されているだけでなく、インドの有名な古典『リグ・ヴェーダ』にも、アリアン（アーリヤ人）の追跡をかわし、それを滅ぼしたクル族の栄えある指導者として、次のように物語られている。

181ページに引用したものと一部重複するが、さらに詳しくみてみよう。

胸郭たくましき人々は、牛の群れを求めて東方に赴けり。
ダーサ（先住民）ならびにアリアン族なる敵を倒せ、
インドラ・ヴァルナ（英雄神、秩序の神）よ、スダースを支援もて助けよ。
十王の戦争において、あらゆる方面より包囲せられたるスダースを、
インドラ・ヴァルナよ、汝ら両神は援助せり。
広がり満つる大水をも、インドラはスダースのため、渡るにやすき浅瀬となせり。
わがいと新しき讃歌を侮るシムユとその嘲罵とを、大河に漂う流木となせり。
これら敵に悩まされたるトリッツ族は、水のごとくインドラにより解放せられて、
馳せ下りぬ。
敵は粉砕せられて、すべての財貨をスダースにゆだねたり。……（世界古典文学全集3『ヴェーダ』）

私たちの歴史探検の旅は、今ようやく船出したばかりである。私たちは日本に古くから伝わる神代文字を手がかりとして、失われた日本人のルーツと足跡をさぐり、太古日本の王が今から二千七百年以前に世界を治めていた証拠をすでにつかんだ。その試みは、私たちが生まれ育った日本の歴史、すなわちかつてのティルムンの輝かしい歴史を再びよみがえらせたいという切なる願いから発している。

時代は今、再度の地球規模の異変を前にしている。地球は今や恐るべき環境破壊の極限に達し、日本を取り巻く国際情勢は、いつなんどき日本が大恐慌と大戦のるつぼに投げこまれるかわからない危機的な状況を迎えている。

私たちが夢を失い、日本がはてしない混沌状態におちいって国家目標を失った今こそ、私たちは真実の歴史に目覚めることを求められているのだ。

もしも私たちが、消え去った日本の神代文字を武器として、失われた古代カラ族の歴史を復元し、そして新たに平和な地球統一国家を築くことができたなら、歴史の闇のなかに消えていった世界各地のカラ族の同胞たちがどれほど喜んでくれることであろうか。

世界は今、国家や民族の対立を越えた新しい歴史、真実の歴史を求めている。そして、真実の歴史を知り、未来の展望をつかんだ者だけが、新しい宇宙世紀の地球の歴史、よみがえったティルムン＝日本の輝かしい歴史をつくりだすことができるのだ。

さあ、読者もまた英知と勇気と愛をもって、私とともに新たなる地球探検・歴史探検の旅に出かけようではないか。

# 本書復刻版のためのあとがき

ノアの洪水以前に造られた地球内部の神々の楽園シャンバラ。そこに通じる地表に造られた100のアガルタ地下都市には、今も推定100京の富が手つかずに残されています。

それらの地下都市のいくつかから地球内部の楽園シャンバラに到れば、そこには、太古日本＝ティルムンの神々が今の我々地上人類のために数千年、数万年前から用意し、秘匿してきた3垓5000京円の富が我々を待ち受けています。

このシャンバラの富を地上の70億人が等しく分かち合えば、それは1人あたり500億円にもなる莫大な人類遺産です。

すでに現在までに地表近辺の100の地下都市の位置を確認し、それらの内部に隠された最低100京の富を天界の宇宙ファミリー、地球内部の同胞（はらから）とともに管理している日本学術探検協会は、この地上から一日も早く有害放射能・有毒化学物質をなくし、地表の戦争・不和をなくし、人々が平和に成長できる基礎を造りたいと考えています。

そしてできることなら2025年までに10億以上のカラ族同胞を地球内部のシャンバラに迎えて、そこで不老長寿の幸せな楽園生活を送ってほしいと願っています。

私たちはその夢を2014年9月25日から開始するシャンバラ探検プロジェクト36年計画の中で順次具体化する予定です。

2015年からはまず手始めに、毎年3ヵ所以上のアガルタ地下都市の探検調査を進め、そこから回収される神々の遺産を国連世界平和財団に寄付して、その富を財団の活動に貢献した新しい地球市民・探検協会の仲間たちに配分したいと考えています。

## 日本学術探検協会入会のご案内

《アジアはひとつ・世界はひとつ》……いよいよ待ちに待った天界からの豊饒化資金配布の時が来ました。

私たちは2014年から世界中の仲間たちとともにかつてない豊かな地球社会の建設に向かい、すみやかに私たち自身の自己変革・次元上昇を実現して、宇宙文明時代の平和な地球共同体をともに創造する任務をそれぞれ自覚しなければならなくなりました！

そのようなかつてない地球規模の目覚めの時、飛躍の時にあたり、私たち探検協会会員一同は、皆さんが、《アジアはひとつ》、《世界はひとつ》をモットーとして《アジアン・ルネッサンス》の実現をめざす私たちとともに、世界の平和と繁栄を具体化する行動に参加されることを強く祈念します。

アジア35億の市民は、今、オリッサ－チェンマイ－オケオ－上海－京都からアジアの再生、世界の再生に取り組もうとしています！

今、中国、アセアン、インドその他アジア各地から日本に来ている探検協会の海外の仲間たちは、私たちが中心となって、世界平和財団をアセアン10カ国のひとつの有力な拠点であるタイのバンコックにつくり、この財団を通じて《アジアン・ルネッサンス》をインドから日本に到る各地に実現しようとしています。

世界平和財団が２０１４年からめざすプロジェクトの内容は、以下のとおりです。

**世界平和財団アジアン・ルネッサンス実現12ヵ年プロジェクトの概要**

●古代インド・アセアン・中国・日本文明再建

２０１４：シャン高原インドシナ難民救済センター建設／タイ首都圏洪水被害対策／万国フリーエネルギー研究所設立

２０１５：インドシナ半島全域の治山治水事業／フリーエネルギー装置製造工場建設

２０１６：インドシナ半島拠点病院・学校・空港建設／フリーエネルギー装置配布開始

２０１７：古代運河水路網・神殿都市復元事業

２０１８：古代シャム文明バンチェン再興事業

２０１９：古代シャンカ文明チェンマイ再興事業

２０２０：世界平和財団・シャン高原地球文化センター用地確保［２０１４－２０２０］

２０２１：シャン高原地球文化センター建設開始［２０２１－２０２５］　※オリッサーチェンマイーオケオー上海－京都：高句麗５京の再建をめざす

２０２６－２０３８：古代エジプトーアトランティスーティルムン地球文明再建12ヵ年プロジェクトに発展的に継承される

日本学術探検協会は、２０１４年から２０５０年にかけて、世界各地の地下都市［国内36ヵ所・海外１０８ヵ所］を36年計画で調査し、各地に童夢シアター・童夢シティを建設して地上と宇宙の平和を実現したいと願っています。

そのため、今回の本書復刻本の出版を契機に、内外の同志とともにノアの洪水以前に栄えた太古日本の宇宙文明の再建に取り組み、紀元前8世紀の民族大移動をもたらした地球規模の大異変の真相を解明して、これから始まる新しい地下都市宇宙船文明の基礎を日本文化６０００年の伝統に求める画期的な歴史探検チームを編成する予定です。

さあ、皆さんも、私たち日本学術探検協会の仲間になって、日本発の新しい地球文明をともに創造していきませんか？

皆さん一人ひとりが、私たち全員で創造する新しい地球共同体《童夢シティ》の同志として、昔から約束されてきた神々の楽園《シャンバラ》に住むことになります。皆さんのご入会を、ドラゴンクエストの仲間たちとともに、心より歓迎致します。

２０１４年9月25日　日本学術探検協会会長　高橋良典　拝

入会を希望される方は、氏名・生年月日・職業・国籍・家族構成・住所・郵便番号・電話番号・メールアドレス・特技（ＩＴ技能・語学など）・調査希望地域（特に行きたい国）を明記の上、左記のアドレスまでご連絡ください。パスポートの写しを添えて申し込まれた方には、当会または財団事務局から、最優先で詳しくご案内させていただきます。


日本学術探検協会　whitelinen2025@gmail.com/

国連世界平和財団　pwd2hwx2iv@ma.point.ne.jp


※本件は、刊行当時のものであり、著者死去により、問い合わせ等不明となっております。

◉参考文献


高橋良典著『大予言事典』学研ムーブックス
高橋良典著『諸世紀の秘密』自由国民社
高橋良典著『謎の新撰姓氏録』徳間書店
高橋良典著『太古日本・驚異の秘宝』講談社
高橋良典著『超古代世界王朝の謎』日本文芸社
高橋良典著『謎の古代文字と古史古伝』日本探検協会
高橋良典著『失われた古代文字総覧』日本探検協会
高橋良典訳『アポカリプス666』自由国民社
高橋良典訳『ロックフェラー帝国の陰謀Ⅰ・Ⅱ』自由国民社
高橋良典訳『世紀末の黙示録』自由国民社
高橋良典編『日本とユダヤ謎の三千年史』自由国民社
高橋良典監修・橋川卓也著『人類は核戦争で一度滅んだ』学研ムーブックス
高橋良典監修・幸沙代子編著『驚異の地底王国シャンバラ』廣済堂出版
高橋良典監修・幸沙代子編著『ムー大陸探検事典』廣済堂出版

「別冊歴史読本」1993年4月号〝古代日本人の大航海と謎の未解文字〟(高橋良典・幸沙代子筆)新人物往来社
「歴史Eye」1993年8月号〝ムー大陸はどこへ消えた?〟(高橋良典・幸沙代子筆)日本文芸社
「歴史Eye」1993年12月号〝幻の中国超古代王朝〟(高橋良典・幸沙代子筆)日本文芸社
「歴史Eye」1994年1月号〝東日流外三郡誌の真実〟(高橋良典筆)日本文芸社
「歴史Eye」1994年7月号〝古代ユダヤは日本に渡来した!?〟(高橋良典筆)日本文芸社
「SPA!」1990年8月8日号〝日本神話の高天原はインド・デカン高原だ〟(高橋良典筆)扶桑社
「SPA!」1991年2月13日号〝幻の「東大国伝説」を追う〟(高橋良典筆)扶桑社
「ムー」1980年11月号〝大推理・古代核戦争の謎〟(高橋良典監修)学習研究社
「ムー」1990年10月号〝インダス文明の建設者は日本人だった〟(高橋良典筆)学習研究社
木村重信著『美術の始源』新潮社
山崎脩著『インドの石』京都書院
吾郷清彦著『日本神代文字』大陸書房
マルセル・オメ著『太陽の息子たち』大陸書房
アンドレー・エヴァ著『失われた大陸』岩波書店
フェリックス・パトゥリ著『ヨーロッパ先史文明の謎』佑学社
ウィリアム・フィクス著『古代人の遺言』白揚社
イマヌエル・ヴェリコフスキー著『衝突する宇宙』法政大学出版局

イマヌエル・ヴェリコフスキー著『混沌時代』法政大学出版局
G・R・ジョシュア著『ヴィマニカ・シャストラ』国際サンスクリット・アカデミー
チャンドラ・ロイ編『マハーバーラタ』カルカッタ
ヘロドトス著『歴史』岩波書店
金田一京助編『ユーカラ』岩波書店

ほか、たくさんのものを参考にさせていただきました。ここに厚くお礼申し上げます。

著者識

高橋良典　たかはし よしのり
日本学術探検協会会長、地球文化研究所所長、地球マネジメント学会理事。東京大学経済学部卒。著書に『諸世紀の秘密』(自由国民社)、『大予言事典』(学習研究社)、『太古、日本の王は世界を治めた！』(徳間書店)、『太古日本・驚異の秘宝』(講談社)、『超古代世界王朝の謎』『縄文宇宙文明の謎』(日本文芸社) など多数。

日本学術探検協会
地球文化研究所を母体に、80年代から活動を開始。日本人の祖先カラ族が紀元前の地球各地に残した地下都市と未解読文字の調査を精力的に進めている。主な編著書に『ムー大陸探検事典』(廣済堂出版)、『地球文明は太古日本の地下都市から生まれた!!』『古代日本、カラ族の黄金都市を発見せよ!!』(飛鳥新社) などがある。

本作品は1994年7月に徳間書店より出版された『太古、日本の王は世界を治めた！』の復刻版です。

［超復活版］太古、日本の王が世界を治めた
ロスチャイルド家が最後に狙うは【縄文神代文字】

第一刷　2021年5月31日

著者　高橋良典＋日本学術探検協会

発行人　石井健資

発行所　株式会社ヒカルランド
〒162-0821　東京都新宿区津久戸町3-11　TH1ビル6F
電話　03-6265-0852　ファックス　03-6265-0853
http://www.hikaruland.co.jp　info@hikaruland.co.jp

振替　00180-8-496587

本文・カバー・製本　中央精版印刷株式会社

DTP　株式会社キャップス

編集担当　TakeCO


ISBN978-4-86471-966-7

ヒカルランド　好評既刊！

地上の星☆ヒカルランド　銀河より届く愛と叡智の宅配便

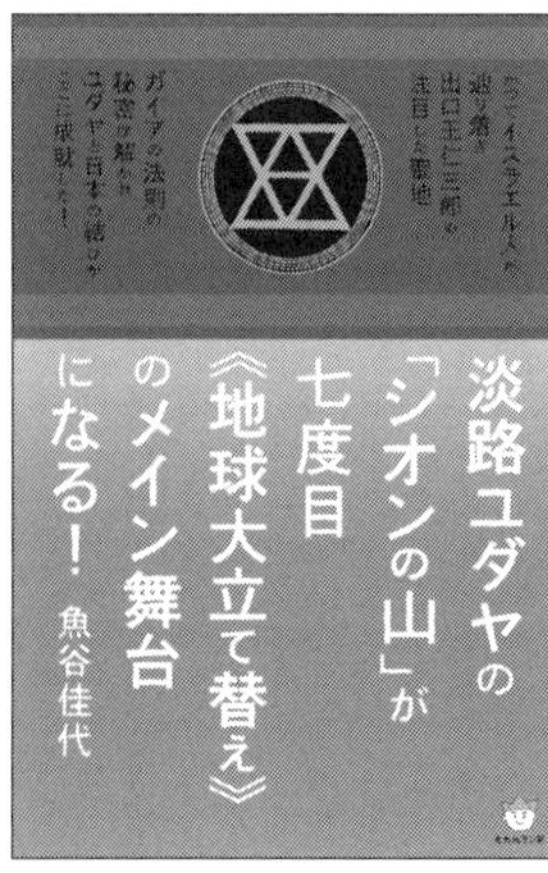


淡路ユダヤの「シオンの山」が七度目《地球大立て替え》のメイン舞台になる！
著者：魚谷佳代
四六ソフト　本体 1,574円+税

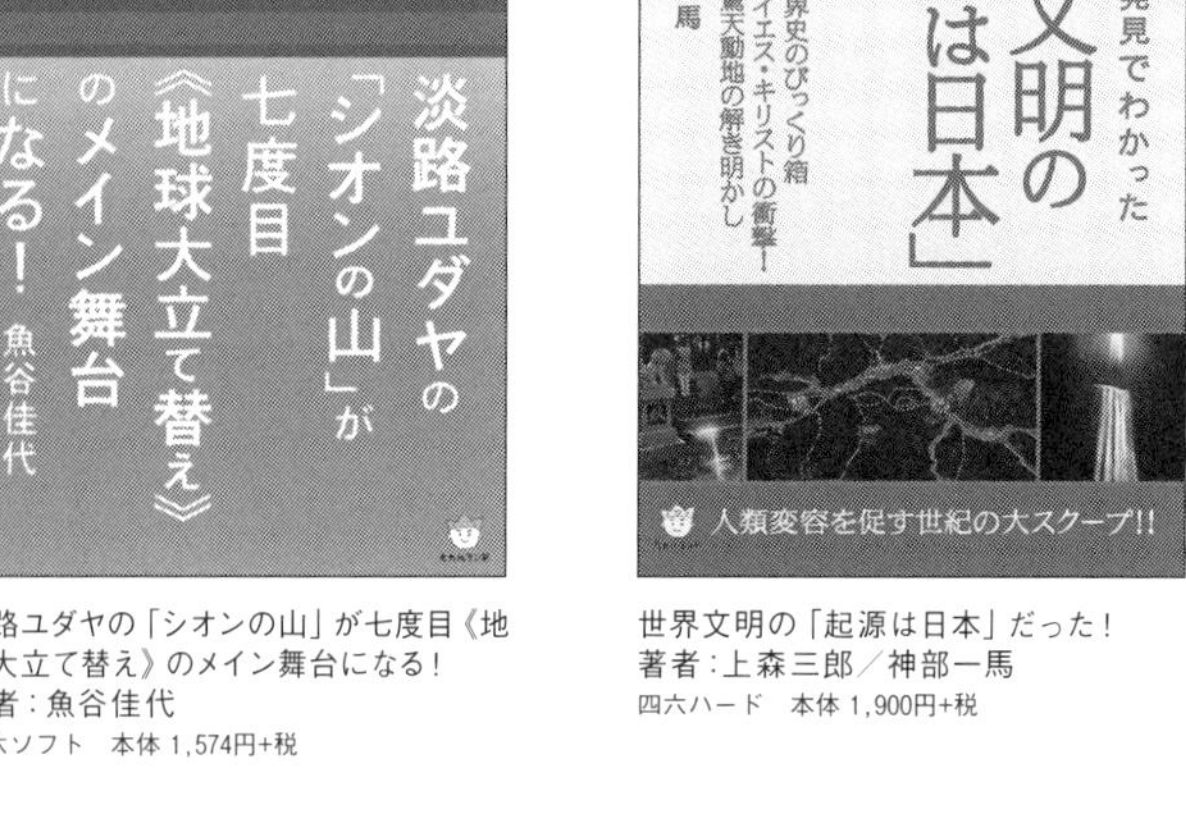


世界文明の「起源は日本」だった！
著者：上森三郎／神部一馬
四六ハード　本体 1,900円+税

［ヴィジュアルガイド］竹内文書
万国世界天皇へ
著者：高坂和導／三和導代
四六ソフト　本体 1,800円+税

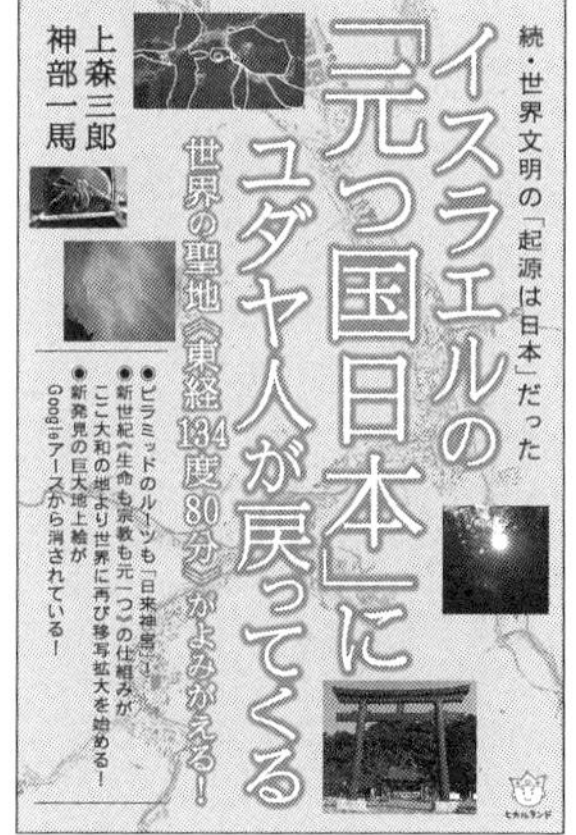


イスラエルの「元つ国日本」にユダヤ人が戻ってくる
著者：上森三郎／神部一馬
四六ハード　本体 2,000円+税

ヒカルランド　好評既刊！

地上の星☆ヒカルランド　銀河より届く愛と叡智の宅配便

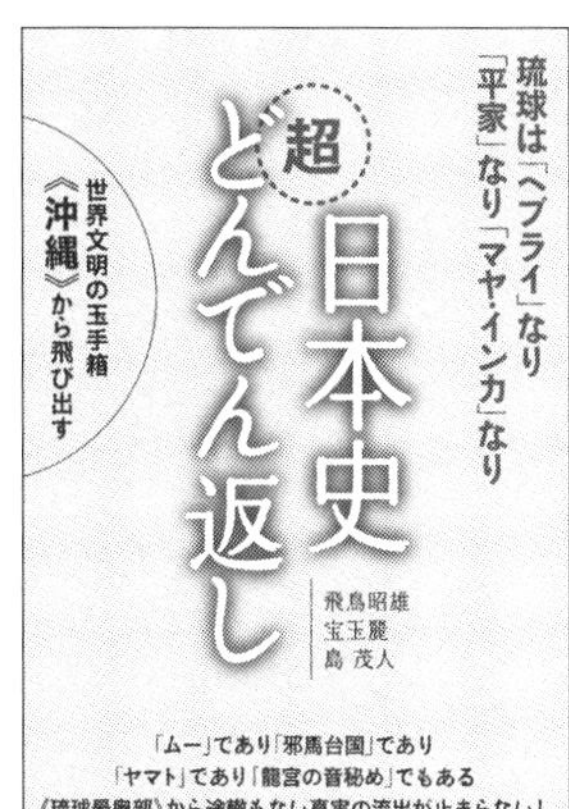


日本史［超］どんでん返し
著者：飛鳥昭雄／宝玉麗／島 茂人
四六ソフト　本体 1,685円+税

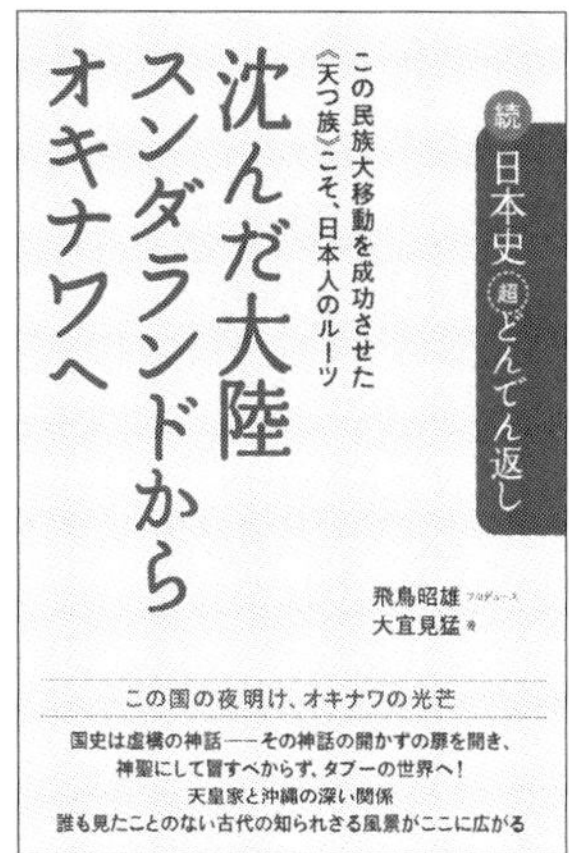


続　日本史「超」どんでん返し
沈んだ大陸スンダランドからオキナワへ
著者：大宜見猛／飛鳥昭雄
四六ソフト　本体 1,750円+税

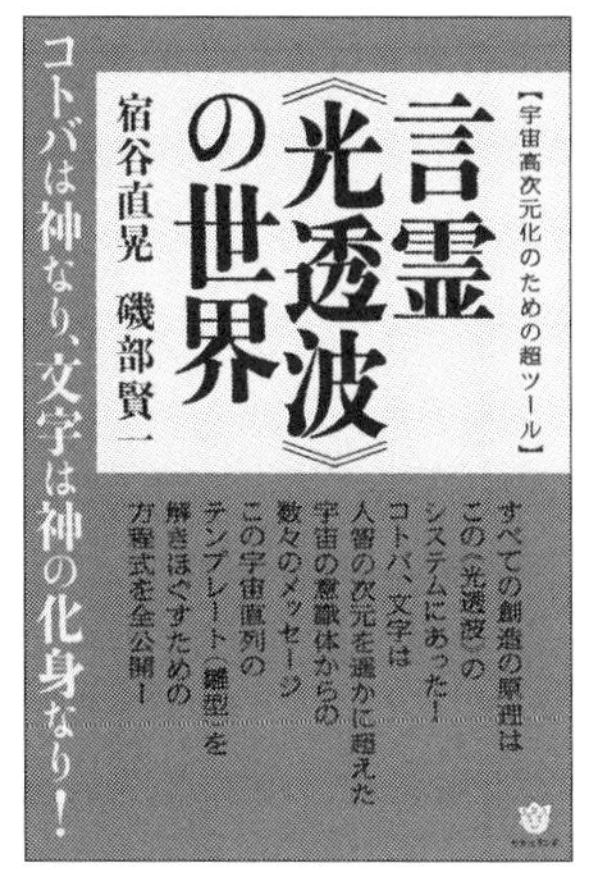


言霊《光透波》の世界
著者：宿谷直晃／磯部賢一
四六ハード　本体 1,800円+税

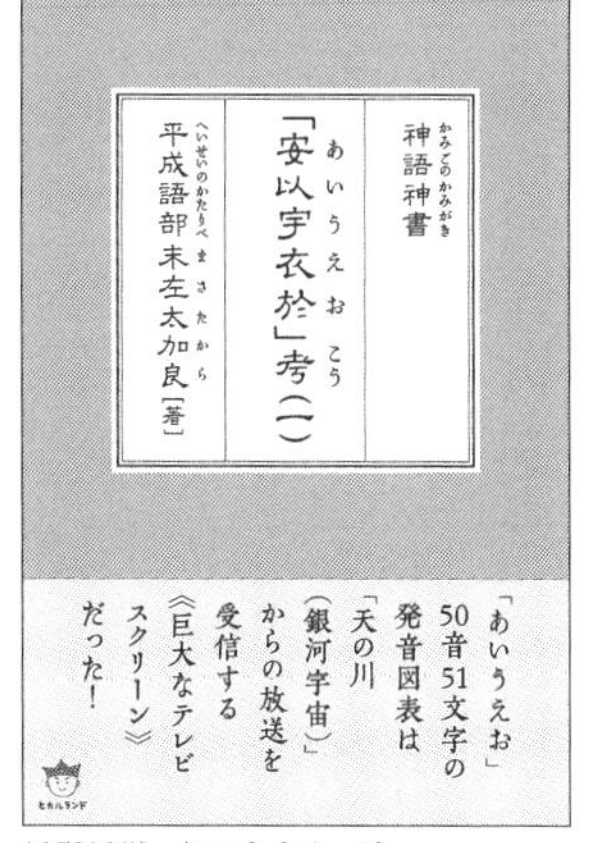


神語神書(かみごのかみがき)「安以宇衣於(あいうえお)」考(こう)（一）
著者：平成語部(へいせいのかたりべ)　末左太加良(まさたから)
四六ソフト　本体 2,778円+税

**ヒカルランド　好評既刊！**

地上の星☆ヒカルランド　銀河より届く愛と叡智の宅配便

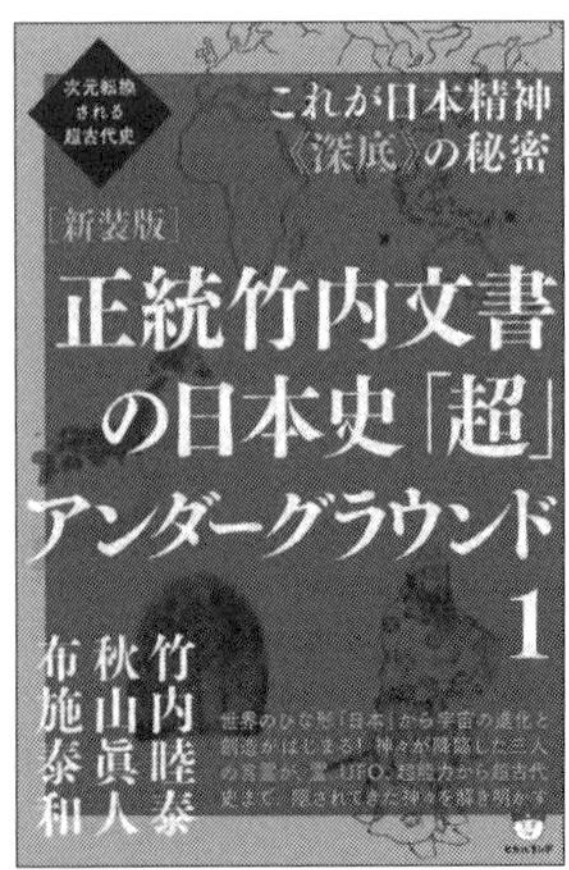


[新装版] 正統竹内文書の日本史「超」
アンダーグラウンド1
これが日本精神《深底》の秘密
著者：竹内睦泰／秋山眞人／布施泰和
四六ソフト　本体 2,000円+税

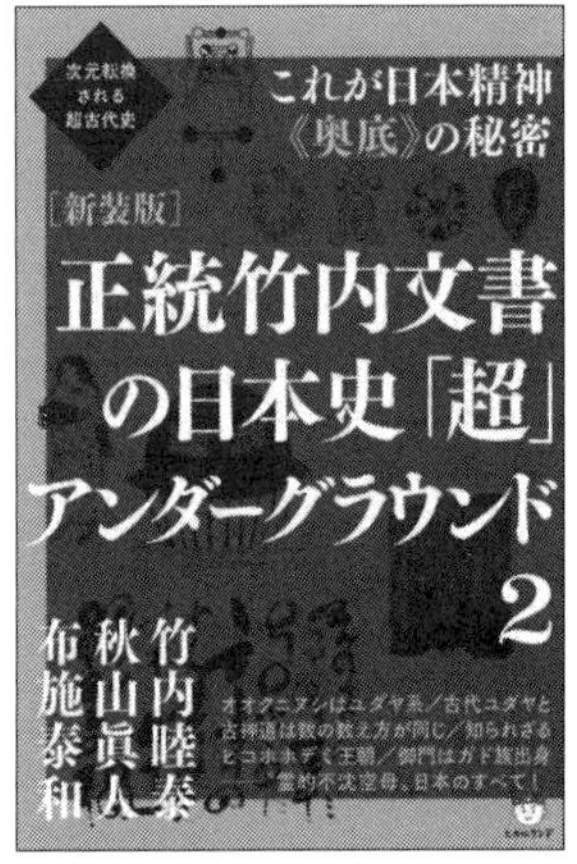


[新装版] 正統竹内文書の日本史「超」
アンダーグラウンド2
これが日本精神《奥底》の秘密
著者：竹内睦泰／秋山眞人／布施泰和
四六ソフト　本体 2,000円+税

[新装版] 正統竹内文書の日本史「超」
アンダーグラウンド3
これが日本精神《真底》の秘密
著者：竹内睦泰／秋山眞人／布施泰和
四六ソフト　本体 2,000円+税

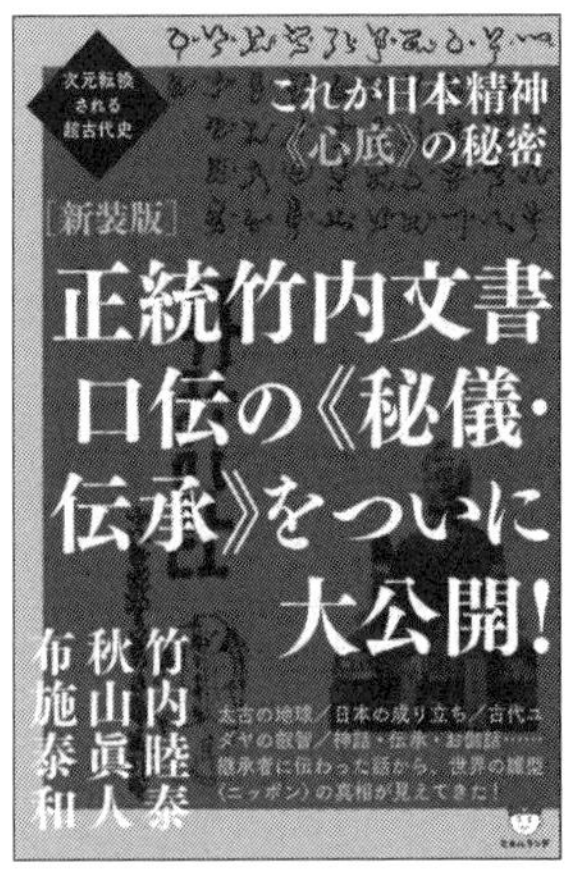


[新装版] 正統竹内文書 口伝の《秘儀・伝承》をついに大公開！
これが日本精神《心底》の秘密
著者：竹内睦泰／秋山眞人／布施泰和
四六ソフト　本体 2,000円+税